Klassenarbeiten
Sachunterricht

circon

© Circon Verlag GmbH
Baierbrunner Straße 27, 81379 München
Ausgabe 2021

Alle Rechte vorbehalten. Nachdruck, auch auszugsweise,
nur mit ausdrücklicher Genehmigung des Verlages gestattet.

Text: Angelika Dissen, Tanja von Ehrenstein
Redaktion: Astrid Kaufmann
Produktion: Ute Hausleiter
Abbildungen: siehe Bildnachweis S. 128, S. 32 (Lösungsheft)
Titelabbildungen: shutterstock.com/Ruslan Huzau (Mädchen),
evgeniya_m/adobestock.com (Hinterlegung Klassenstufe),
beaubelle/adobestock.com (Linie über und unter Foto)
Gestaltung: textum GmbH, Feldafing
Umschlaggestaltung: red.sign GbR, Stuttgart

ISBN 978-3-8174-2971-4
381742971/1

Besuchen Sie uns auf Instagram und Facebook: circonverlag

www.circonverlag.de

Inhaltsverzeichnis

Tipps zum Umgang mit dem Übungsbuch 5

Wichtiges Wissen: Das Wasser 9

Klassenarbeit Sachunterricht 1 14
Klassenarbeit Sachunterricht 2 18
Klassenarbeit Sachunterricht 3 21
Klassenarbeit Sachunterricht 4 24

Wichtiges Wissen: Rohstoffe und industrielle Fertigung 26

Klassenarbeit Sachunterricht 5 31
Klassenarbeit Sachunterricht 6 34
Klassenarbeit Sachunterricht 7 37
Klassenarbeit Sachunterricht 8 40

Wichtiges Wissen: Die Gemeinde 43

Klassenarbeit Sachunterricht 9 45
Klassenarbeit Sachunterricht 10 48
Klassenarbeit Sachunterricht 11 51
Klassenarbeit Sachunterricht 12 53

Wichtiges Wissen: Verkehrserziehung 56

Klassenarbeit Sachunterricht 13 61
Klassenarbeit Sachunterricht 14 65
Klassenarbeit Sachunterricht 15 68
Klassenarbeit Sachunterricht 16 72
Klassenarbeit Sachunterricht 17 76

Inhaltsverzeichnis   Seite: 4

Wichtiges Wissen: Deutschland und Europa / Kinderrechte 80

Klassenarbeit Sachunterricht 18 84
Klassenarbeit Sachunterricht 19 87
Klassenarbeit Sachunterricht 20 90
Klassenarbeit Sachunterricht 21 93

Wichtiges Wissen: Leben am Gewässer 96

Klassenarbeit Sachunterricht 22 99
Klassenarbeit Sachunterricht 23 102

Wichtiges Wissen: Entwicklung des Menschen 105

Klassenarbeit Sachunterricht 24 109
Klassenarbeit Sachunterricht 25 111
Klassenarbeit Sachunterricht 26 114

Wichtiges Wissen: Erste Hilfe 117

Klassenarbeit Sachunterricht 27 120
Klassenarbeit Sachunterricht 28 122
Klassenarbeit Sachunterricht 29 124
Klassenarbeit Sachunterricht 30 126

Tipps zum Umgang mit dem Übungsbuch

Liebe Eltern,

die Entscheidung, welche weiterführende Schule Ihr Kind besucht, rückt in greifbare Nähe. Ob Gymnasium, Real- oder Mittelschule, die Noten spielen hierbei eine große Rolle. Denn von ihnen hängt es ab, welche Empfehlung der Klassenlehrer oder die Klassenlehrerin ausspricht. Die meisten Eltern vertrauen auf die Entscheidung der Lehrerinnen und Lehrer, die ihre Kinder bezüglich des gegenwärtigen Leistungsstands am besten einschätzen können. In manchen Bundesländern ist sogar allein der Notendurchschnitt des Kindes ausschlaggebend.

Vielerorts sind die Einschätzungen der Lehrerinnen und Lehrer aber bereits nur noch als Empfehlung zu betrachten. In einigen Bundesländern dürfen die Eltern selbst die weiterführende Schulform aussuchen, die ihr Kind besuchen soll. Dass die Angst groß ist, dabei etwas falsch zu machen, ist verständlich.

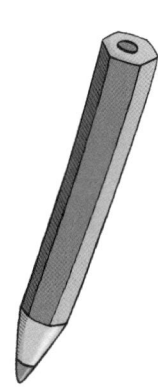

Viele Wege führen zum Ziel

Dabei ist die Gefahr gar nicht so groß, die Zukunft der eigenen Sprösslinge mit einer Fehlentscheidung zu gefährden. Das durchlässige Schulsystem erlaubt einen Wechsel der Schulform auch noch in späteren Lebensjahren. Und diese Wechsel sind durch die Binnendifferenzierung an vielen Schulen längst nicht mehr so einschneidend wie früher. Daher gilt es, möglichst entspannt in dieses wichtige 4. Schuljahr zu starten.

Spaß am Lernen fördern

Viele Themen des Sachunterrichts der 4. Klasse lassen sich hervorragend in den Alltag integrieren. Zum Beispiel kann bei einem Spaziergang an heimischen Flüssen und Seen das Thema des Wasserkreislaufs und des schonenden Verbrauchs dieser wichtigen Ressource angeschnitten werden. Oder man lässt bei einem gemütlichen Zusammensitzen das Gespräch auf das Thema der beginnenden Pubertät mit ihren körperlichen und

emotionalen Veränderungen kommen. Bei einer gemeinsamen Fahrradtour werden die geltenden Regeln des Straßenverkehrs sowieso ganz natürlich zum Gesprächsstoff. Ebenso werden die Geschehnisse und der Aufbau der hiesigen Gemeinden bei der Diskussion lokaler Ereignisse automatisch thematisiert.

Prüfungsangst muss nicht sein

Aber auch, wenn sich der Nachwuchs in solchen Alltagssituationen kompetent zeigt, kann es vorkommen, dass in der betreffenden Klassenarbeit kaum noch etwas von diesem Wissen vorhanden zu sein scheint und die Note nicht so gut ausfällt, wie erwartet.

Schlechte Noten und die oft damit einhergehende Angst vor Klassenarbeiten verderben so manchem Schüler den Spaß am Lernen und Denken. Unangenehmes schiebt man außerdem gern vor sich her – viele Schüler bereiten sich daher erst wenige Tage vor einer Klassenarbeit auf diese vor. Ein paar Tage reichen aber nicht, um im Stoff sicherer zu werden oder sich weiteres Wissen anzueignen. Stattdessen trägt eine so kurzfristige Vorbereitung erst recht dazu bei, das mulmige Gefühl vor einer Klassenarbeit noch zu steigern.

Aber die Angst vor Prüfungen muss nicht sein! Richtige Lerntechniken und eine gute Vorbereitung können die Freude am schulischen Lernen zurückbringen. Zudem ist es wichtig, kontinuierlich zu arbeiten. Früher mit der Vorbereitung anzufangen und sich anzugewöhnen, an bestimmten Tagen den Lernstoff zu wiederholen, ist auf jeden Fall förderlicher als der Versuch, den Stoff in einigen Stunden zu verdauen. Lerntheoretisch ist abgesichert, dass wiederholtes Aufgreifen des Stoffs in verschiedenen Zusammenhängen am effektivsten ist. Es ist bei Weitem dem stundenlangen Durchpauken kurz vor einer Klassenarbeit vorzuziehen.

Und genau hier – beim Erwerb gesicherten Wissens und fachspezifischer Kompetenzen – soll dieses Übungsbuch eine wichtige Hilfestellung sein.

Eine gute Vorbereitung ist die halbe Note

Die Entwicklung von Kompetenzen im Fach Sachunterricht hängt zuerst ganz wesentlich von der Aneignung der jeweiligen Fachsprache ab. Dabei knüpft der Lernprozess an die Lebens- und Erfahrungswelt des Schülers an. Der Begriffsaufbau der Fachsprache beginnt beim Erfassen von Sachverhalten, geht weiter zum Beschreiben und Benennen und endet beim Übertragen auf neue Zusammenhänge. Die Fähigkeit, auf Fragen zu antworten, unterstützt dabei die sprachlich-kognitive Durchdringung des Fachgebiets. In den folgenden Aufgabenstellungen finden sich deshalb häufig Formulierungen wie „Beschrifte.", „Benenne." oder „Beschreibe.".

Neben reinen Übungsaufgaben, die das Wissen festigen, sind eine Reihe von Transferaufgaben vorhanden. Bei ihnen geht es darum, das erworbene Wissen auf neue Situationen zu übertragen. Das können Grafiken oder Zeichnungen sein, aber auch andere Problemstellungen als die bisher bekannten. Es wird auch die Urteilsfähigkeit des Schülers geprüft, wenn er seine eigene Meinung zu einem Zusammenhang äußern soll. Außerdem darf die Entwicklung der sprachlichen Kompetenz auch im Fach Sachunterricht nicht zu kurz kommen. Daher wird häufiger die Beantwortung einer komplexeren Frage in ganzen Sätzen verlangt.

Übung, Übung, Übung

Das vorliegende Übungsbuch stellt authentische Arbeiten der 4. Klasse im Fach Sachunterricht zur Verfügung. Zu jedem der acht Themengebiete ist zudem ein Kapitel „Wichtiges Wissen" vorhanden. Es dient dazu, Grundlagen schnell nachschlagen und lernen zu können. Diese Grundlagen sind die inhaltliche Basis für den Kompetenzerwerb, den der Schüler in den Klassenarbeiten in verschiedenen Fragestellungen unter Beweis stellen muss.

Zu jedem der acht Wissensgebiete gibt es verschiedene Klassenarbeiten, die vom Schüler unter realen Bedingungen durchgearbeitet werden können. Sie entsprechen im Umfang und Schwierigkeitsgrad den tatsächlichen Anforderungen in der Schule. Sie enthalten sowohl unterschiedliche Teilaspekte der einzelnen Wissensgebiete als auch Wiederholungen und Überlappungen. Diese dienen dazu, den Erwerb von Kompetenzen in den Kerngebieten zu gewährleisten.

Generell ist es besser, angefangene Aufgaben gründlich zu Ende zu führen, als alle Aufgaben nur flüchtig anzureißen. Man kann auch dieselbe Klassenarbeit mehrmals bearbeiten, gerade dann, wenn es beim ersten Mal nicht so richtig funktioniert hat. Denn allein dadurch, dass die Fragestellungen, die in den Klassenarbeiten vorkommen, eingeübt und bekannt sind, ist bereits viel gewonnen.

Selbsteinschätzung

Der beigefügte Lösungsteil verrät, wo der Schüler noch Nachholbedarf hat – und was er schon sicher beherrscht. Überdies bietet der im Lösungsheft mitgelieferte Notenschlüssel Ihrem Kind eine Orientierung zur Selbsteinschätzung.

Dieser Notenschlüssel soll dem Kind annähernd zeigen, welche Note es mit seiner Punktzahl wahrscheinlich erreicht hätte. Allerdings sollte nicht die Note im Mittelpunkt stehen, sondern der Spaß am Üben und Lernen.

Wichtiges Wissen: Das Wasser

Unser Planet besteht zum größten Teil aus Wasser. Es befindet sich in Flüssen, in Teichen, in Seen und im Meer. Ganze drei Viertel der Erdoberfläche sind von Meerwasser bedeckt. Da es sich bei Meerwasser aber um Salzwasser handelt, sind die trinkbaren Süßwasservorräte auf unserer Erde recht knapp.

Der Wasserkreislauf

Wenn Wasser durch die Sonne verdunstet, verteilen sich unsichtbare Wasserteilchen in der Luft – sie steigen empor. Je höher sie kommen, desto mehr kühlen sie sich ab. Die Wasserteilchen kondensieren zu Wassertröpfchen, Wolken entstehen. Der Wind treibt die Wolken weiter nach oben in kühlere Luft. Die Tröpfchen verdichten sich zu Tropfen, werden zu schwer und fallen als Regen zur Erde. Der Regen fällt in Bäche und Seen oder versickert im Boden und wird zu Grundwasser. Das Grundwasser tritt als Quelle von Flüssen, die ins Meer oder in Seen fließen, wieder an die Oberfläche. Es verdunstet erneut, und der Wasserkreislauf beginnt von vorn.

Das Wasser, aus dem dein Lieblingsgetränk gemacht ist, haben also schon die Dinosaurier getrunken: Der Wasserkreislauf macht's möglich!

Wichtiges Wissen: Das Wasser   Seite: 10

So entsteht Grundwasser:

Der Regen trifft auf verschiedene Erdschichten. Humus, Sand und Kies sind wasserdurchlässig. Erst wenn der Regen auf Lehm, Ton oder eine Gesteinsschicht stößt, kann das Wasser nicht mehr weiter versickern. Die Tropfen sammeln sich zu Grundwasser.

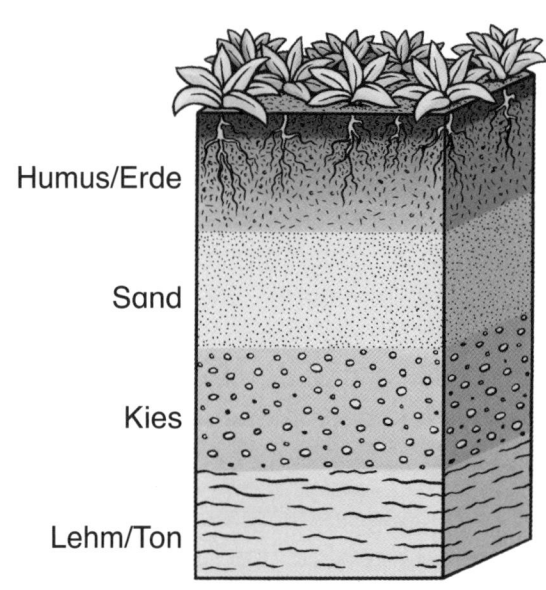

Humus/Erde

Sand

Kies

Lehm/Ton

Die drei Zustandsformen (Aggregatzustände) des Wassers

Wasser kann fest, flüssig oder gasförmig sein.

Teilchenmodelle des Wassers

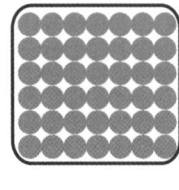
fest

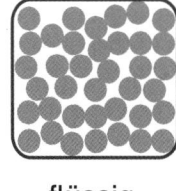
flüssig

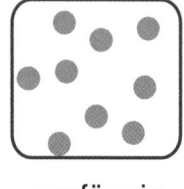
gasförmig

Verdampfen, verdunsten und kondensieren

Wasserdampf entsteht bei einer Temperatur von 100° Celsius. Durch das Verdampfen des Wassers wird das flüssige Wasser immer weniger.
Wenn dieser Wasserdampf in kalte Luft aufsteigt, kondensiert das Wasser, das heißt, es verdichtet sich und wird zu winzigen Tröpfchen – es wird also wieder flüssig.

Wenn Wasser unterhalb der Siedetemperatur in einen gasförmigen Zustand übergeht, spricht man hingegen von verdunsten – zum Beispiel, wenn frisch gewaschene Wäsche auf der Leine trocknet.

Wichtiges Wissen: Das Wasser

Verschiedene Niederschlagsarten

- **Tau** entsteht, wenn sich nachts die Luft in der Nähe des Bodens abkühlt. Dabei kondensieren die Wasserteilchen, die sich in der Luft befinden, zu Tropfen, die du an Bäumen, Gräsern und Büschen entdecken kannst.
- **Raureif** entsteht, wenn die Wasserteilchen in der Luft bei großer Kälte gleich am Boden zu Kristallen gefrieren. Du kannst den Raureif zum Beispiel an Spinnennetzen beobachten.
- **Regen** gibt es, weil kalte Luft weniger Wasser aufnehmen kann als warme Luft. Die Wasserteilchen in der Luft kondensieren dann und werden zur Wolke. Die zu schwer gewordenen Tropfen fallen als Regen zur Erde.
- **Nebel** entsteht, wenn Luft, die viele Wasserteilchen aufgenommen hat, abkühlt. Der Boden ist dann noch warm, die Luft ist aber schon kalt.
- **Schnee** entsteht, wenn die Wasserteilchen sofort beim Kondensieren zu Eiskristallen gefrieren. Diese sechseckigen Kristalle verbinden sich und fallen als Flocken zur Erde.
- **Hagel** entsteht dagegen aus Wassertropfen, die plötzlich in eiskalte Luft gelangen und dabei gefrieren. Sie sacken etwas ab, setzen Wasser an und werden wieder nach oben gesogen. Dabei gefrieren sie erneut. Nur die schweren Hagelkörner fallen zu Boden.

Wichtiges Wissen: Das Wasser

Wasserverbrauch

Jeder von uns verbraucht ungefähr 130 Liter Wasser am Tag. Bildlich gesprochen sind das etwa 13 Wassereimer! Davon nutzen wir nur drei Liter zum Trinken und Kochen. Der Rest wird beim Waschen, Gießen, Putzen und bei der Toilette verbraucht.

Du kannst einiges tun, um Wasser zu sparen:
- duschen statt baden
- die Waschmaschine nie halbvoll laufen lassen
- die Spülmaschine nie halbvoll laufen lassen
  (Mit der Spülmaschine verbraucht man zwar weniger Wasser, als wenn man mit der Hand wäscht, allerdings verbraucht man damit auch Strom.)
- beim Zähneputzen den Wasserhahn zudrehen
- bei der Toilette die Wasserspartaste drücken
- den Wasserhahn nicht tropfen lassen
- im Garten mit Regenwasser gießen, das man in einer großen Tonne auffängt

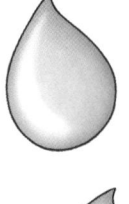

Verbrauchtes Wasser läuft über die Kanäle in eine Kläranlage, wo es mit großem technischem, physikalischem und chemischem Aufwand gereinigt wird. Es erreicht aber niemals Trinkwasserqualität. Deshalb ist sparsamer Umgang mit Trinkwasser sehr wichtig.

Wasserverschmutzung

Schmutziges Wasser mag niemand trinken und es ist ungesund. Deshalb muss das Trinkwasser geschützt werden: Hierfür gibt es Wasserschutzgebiete. Außerdem muss die Trinkwasserversorgung in der Hand der Kommunen bleiben, damit eine zentrale Stelle die Verantwortung für die Trinkwasserqualität hat. Die Gewässer müssen sauber bleiben und man darf keine gefährlichen Stoffe in das Trink- oder Abwasser schütten.

Wichtiges Wissen: Das Wasser   Seite: 13

So kommt das Wasser ins Haus:

Pumpen holen Grundwasser aus der Erde und drücken es durch Rohre in das Wasserwerk. Dort wird es gereinigt und in großen Behältern gespeichert. Das Wasserwerk pumpt das Wasser weiter in den Hochbehälter. Von dort fließt es in die Fallleitung. Über das Rohrnetz gelangt es in die einzelnen Häuser. Die Häuser dürfen nicht höher stehen als der Hochbehälter, sonst muss wieder mit Pumpen gearbeitet werden.

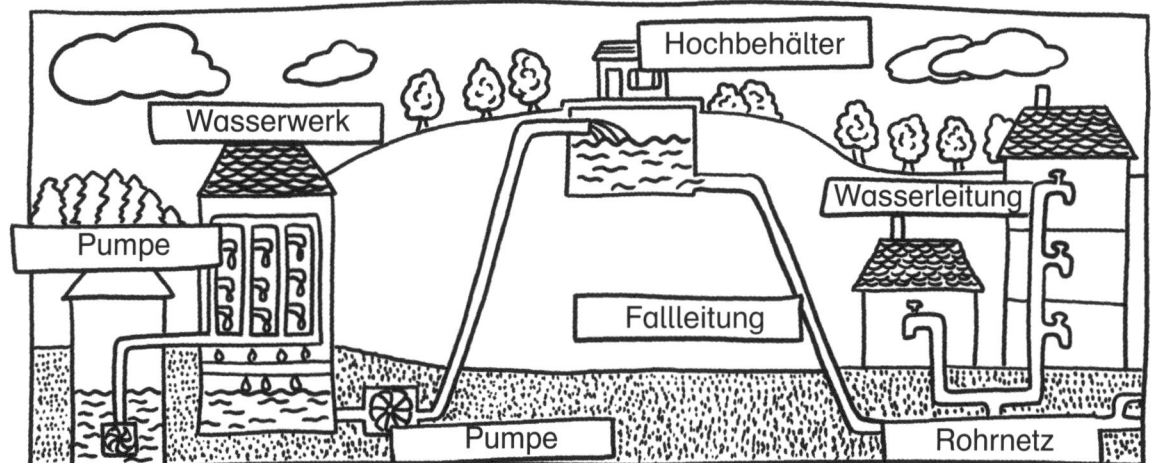

Klassenarbeit Sachunterricht 1
Das Wasser

Seite: 14

Klassenarbeit Sachunterricht 1
Das Wasser

Ich bin gut vorbereitet!

Viel Erfolg!

1. **Deine Mutter will in dieser Woche Wäsche aufhängen.**
   Welches Wetter ist dafür am besten geeignet?

a) Kreuze den Wochentag an, an dem die Wäsche am besten trocknen wird.

☐ Montag

☐ Dienstag

☐ Mittwoch

☐ Donnerstag

☐ Freitag

1

Klassenarbeit Sachunterricht 1   **Seite:** 15
Das Wasser

b) Erkläre deine Entscheidung in ganzen Sätzen.   2

_____

_____

2. Was geschieht mit dem Wasser? Finde die passenden Verben und beschrifte den Wasserkreislauf.   4

3. Richtig oder falsch? Kreuze an.   3

	richtig	falsch
a) Die Sonne liefert die Energie für den Wasserkreislauf.		
b) In tieferen Luftschichten ist es wegen der Entfernung zur Sonne kühler.		
c) Die Sonne sorgt dafür, dass sich das Wasser verdichtet.		
d) Wasser verdunstet auf Gräsern und Blättern.		
e) Es regnet, weil die Wolken höher steigen und leichter werden.		
f) Regnen kann es nur in den Bergen.		

Klassenarbeit Sachunterricht 1
Das Wasser

Seite: 16

4. Wie heißen die verschiedenen Aggregatzustände des Wassers? Beschrifte die Teilchenmodelle.

a) _____

b) _____

c) _____

5. Nenne sechs verschiedene Niederschlagsarten.

a) _____

b) _____

c) _____

d) _____

e) _____

f) _____

Klassenarbeit Sachunterricht 1
Das Wasser

Seite: 17

6. Beschrifte die verschiedenen Bodenschichten und beachte dabei die richtige Reihenfolge.

| 2 |

a) _____   c) _____

b) _____   d) _____

7. Gib deiner Familie vier Ratschläge, wie ihr Wasser sparen könnt.

| 2 |

_____
_____
_____
_____

8. Warum sollten wir das Obst und Gemüse essen, das bei uns gerade reif ist und z. B. nicht im Februar Erdbeeren, die aus Spanien kommen? Begründe genau.

| 4 |

_____
_____
_____
_____

Bitte kreuze noch an, wie es dir bei der Probe gegangen ist:

Du hast _____ von 24 Punkten erreicht.

Klassenarbeit Sachunterricht 2
Das Wasser

Klassenarbeit Sachunterricht 2
Das Wasser

Ich lasse mich nicht ablenken!

Viel Erfolg!

1. Fülle die Lücken richtig. — 4

Das Wasser in unseren Seen wird von der Sonne erwärmt. Dadurch _____ es und unsichtbare Wasserteilchen _____ mit der Luft nach _____. In kälteren _____ kühlen sie ab und _____ zu Wassertröpfchen. Es bilden sich _____. Nehmen sie noch mehr Wasser auf, werden sie immer _____ und es beginnt zu _____.

2. Du föhnst deiner Schwester die Haare, bis sie richtig trocken sind. Was ist dabei mit dem Wasser geschehen? Erkläre den Vorgang in ganzen Sätzen. — 4

_____
_____
_____
_____

3. Nenne zwei Bodenschichten, in denen Wasser schnell versickert. — 1

a) _____
b) _____

4. Was ist Grundwasser? Erkläre in ganzen Sätzen. — 3

_____
_____
_____

Klassenarbeit Sachunterricht 2
Das Wasser

Seite: 19

5. Richtig oder falsch? Kreuze an. | 3

	richtig	falsch
a) Beim Verdunsten werden Wasserteilchen sichtbar.		
b) In den Wolken sammeln sich viele kleine Wassertröpfchen.		
c) Je kleiner die Oberfläche, desto schneller verdunstet das Wasser.		
d) Wenn die Wolken zu schwer werden, regnet es.		
e) Wasserdampf entsteht bei Temperaturen unter 100° Celsius.		
f) An Wasserdampf kann man sich verbrennen.		

6. Ordne die Sätze mithilfe der Nummern richtig in die Tabelle ein. | 5

verdunsten	verdampfen

1. Das Wasser an der geputzten Tafel verschwindet.
2. Das erhitzte Wasser im Nudelkochtopf ist weniger geworden.
3. Wasser auf einer nassen Betonplatte verschwindet.
4. Das kochend heiße Wasser verschwindet in einem offenen Behälter.
5. Das Wasser im Bügeleisen ist nach dem Bügeln verschwunden.

7. Wie gut kennst du die Zustandsformen des Wassers? | 6

a) Zeichne die drei Teilchenmodelle.

b) Gib zu jeder gezeichneten Zustandsform ein Beispiel an.

_____   _____   _____

Klassenarbeit Sachunterricht 2   **Seite:** 20
Das Wasser

8. Wie steht das Wasser in den Röhren? Zeichne fertig.   3

9. Was bedeutet dieses Schild? Erkläre.   3

Wasser-Schutzgebiet

_____

_____

_____

10. Warum ist es wichtig, dass die Gemeinden für das Trinkwasser zuständig sind und nicht irgendeine Firma?   3

_____

_____

_____

Bitte kreuze noch an, wie es dir bei der Probe gegangen ist:

Du hast _____ von 35 Punkten erreicht.

Klassenarbeit Sachunterricht 3
Das Wasser

Klassenarbeit Sachunterricht 3
Das Wasser
Ich strenge mich an!

Viel Erfolg!

1. Professor C. Elsius hat sich Notizen zu einem Versuch gemacht. Doch die Sätze sind durcheinandergeraten. Bringe sie in die richtige Reihenfolge. | 2,5

a) Wir erhitzen das Wasser.
b) Die Wassermenge wird weniger.
c) Wir setzen einen Topf mit Wasser auf den Herd.
d) Wasserdampf steigt auf.
e) Das ist damit zu erklären, dass die winzigen Wasserteilchen als Dampf nach oben steigen.

Die richtige Reihenfolge lautet: ☐ ☐ ☐ ☐ ☐

2. Welche der Begriffe benennen Zustandsformen oder Arten von Wasser? | 2

Regen, Sand, Eis, Bach, Wind, Dampf, Strom

3. Welche Niederschlagsart beschreiben die folgenden Sätze jeweils? Setze die richtigen Begriffe ein. | 5

a) Der Wind treibt eine Wolke in eine sehr kalte Luftschicht. Die Wasserteilchen gefrieren zu Eiskristallen. Wenn die unteren Luftschichten ebenfalls kalt sind, fallen Kristalle auf die Erde.

Niederschlagsart: _____

b) Kleine Wasserteilchen sammeln sich in einer Wolke. Sie verdichten sich zu winzigen Tröpfchen. Diese werden größer und schwerer, bis sie auf die Erde fallen.

Niederschlagsart: _____

c) Nachts hat es sich abgekühlt. Die kleinen Wasserteilchen in der Luft haben sich verdichtet. Auf Gräsern und Laub siehst du morgens Tröpfchen.

Niederschlagsart: _____

d) In sehr kalten Luftschichten sind Wassertropfen zu Eis geworden. Sie fallen so schnell auf die Erde, dass sie dabei nicht auftauen können. Je länger ihr Weg ist, desto größer werden die Körner.

Niederschlagsart: _____

e) Wasser verdunstet. Die Wasserteilchen können in der Luft nicht höher steigen. Sie verdichten sich in der Luft nahe über dem Erdboden.

Niederschlagsart: _____

Klassenarbeit Sachunterricht 3
Das Wasser

Seite: 22

4. Beantworte die drei Fragen. | 3

a) Was geschieht mit dem Regen, der nicht in Flüsse oder andere Gewässer fällt?
_____

b) Wie viel Prozent der Erdoberfläche sind mit Wasser bedeckt?
_____

c) Warum fällt im Sommer kein Schnee, sondern Regen?
_____

5. Richtig oder falsch? Kreuze an. | 3

	richtig	falsch
a) Die Erdoberfläche besteht größtenteils aus Salzwasser.		
b) Das Wasser auf unserem Planeten finden wir meistens in Seen oder Flüssen.		
c) Mit dem Trinkwasser müssen die Menschen nicht sparsam sein, da es sehr viel davon gibt.		
d) Durch die Umweltverschmutzung stören die Menschen den Kreislauf des Wassers.		
e) Die Antriebskraft des Wasserkreislaufs ist die Sonne.		
f) Wasser aus der Kläranlage hat die gleiche Qualität wie Trinkwasser.		

Klassenarbeit Sachunterricht 3
Das Wasser

Seite: 23

6. Beschrifte mit Fachbegriffen, wie das Wasser in das Haus kommt. Verwende dazu die folgenden Begriffe:

Hochbehälter, Wasserwerk, Pumpe, Fallleitung, Rohrnetz, Wasserleitung

3

**7. Es ist ein heißer Tag. Du setzt deine Taucherbrille auf und gehst zum Schnorcheln in den Badesee. Nach kurzer Zeit siehst du alles verschwommen, als wäre es unter Wasser neblig. Aber das Wasser an sich ist ganz klar!
Was ist geschehen?**

5

_____

_____

_____

Bitte kreuze noch an, wie es dir bei der Probe gegangen ist:

Du hast _____ von 23,5 Punkten erreicht.

Klassenarbeit Sachunterricht 4
Das Wasser
Ich gebe mein Bestes!

Viel Erfolg!

1. Warum ist der Name „Erde" für unseren Planeten eigentlich gar nicht so passend? Begründe deine Antwort. **(2)**

   _____
   _____

2. Was verändert die Zustandsform des Wassers? Erkläre mit Fachbegriffen. **(3)**

   _____
   _____
   _____

3. Wie kannst du Wasserverschmutzung vermeiden? Nenne drei Beispiele. **(3)**

   _____
   _____
   _____

4. Wie kommt das Trinkwasser in dein Haus? Beschreibe den ganzen Weg und verwende passende Fachbegriffe. **(6)**

   _____
   _____
   _____
   _____
   _____

Klassenarbeit Sachunterricht 4
Das Wasser

Seite: 25

5. Beim Kochen beschlagen Peters Brillengläser. Warum ist das so? Erkläre. | 3

_____

_____

_____

6. Richtig oder falsch? Kreuze an. | 2

	richtig	falsch
a) Verdunstet Wasser, steigt immer sichtbarer Dampf auf.		
b) Der Anfang eines Flusses heißt Bächlein.		
c) Für das Trinkwasser ist es besser, wenn man das Geschirr mit der Spülmaschine wäscht.		
d) Jeder Mensch verbraucht etwa 13 Liter Wasser am Tag.		

7. Wie entsteht Schnee? Erkläre in ganzen Sätzen. | 3

_____

_____

_____

8. Kreise die Bilder ein, in denen die Wasserstände in den verbundenen Röhren richtig eingezeichnet sind. | 2

Bitte kreuze noch an, wie es dir bei der Probe gegangen ist:

Du hast _____ von 24 Punkten erreicht.

Wichtiges Wissen: Rohstoffe und industrielle Fertigung

Ausgangsstoffe

Unsere Erde bietet uns eine Vielzahl von Materialien, zum Beispiel Holz, Erz und Kohle. Diese Materialien werden Rohstoffe oder auch Ausgangsstoffe genannt, denn der Mensch kann sie bearbeiten und Dinge aus ihnen herstellen.

Hier findest du einige Beispiele zur Bearbeitung von Rohstoffen sowie der Herstellung von Dingen aus Ausgangsstoffen.

Zucker und Salz – einfach selbst gemacht

Aus Zuckerrüben kann man selbst Zucker herstellen. Zunächst werden sie gewaschen und danach in kleine Stückchen geschnitten. Beim Kochen wird der Zuckerrübensaft abgesiebt. Unter ständigem Rühren wird daraus Sirup gekocht. Beim Trocknen des Sirups entsteht eine feste Masse, die sich reiben lässt. Fertig ist der Zucker!

Um Salz herzustellen, benötigt man Steinsalz aus einem Bergwerk. Es wird zerkleinert und gereinigt. Das Salz wird aus dem Gestein gelöst, indem Wasser unter Rühren hinzugegeben wird. Die wasserunlöslichen Stoffe wie Ton und Kalk werden herausgefiltert. Zum Schluss wird die Flüssigkeit so lange erhitzt, bis das Wasser verdampft ist. Danach kann mit dem Salz sofort gewürzt werden.

Starke Kartoffeln

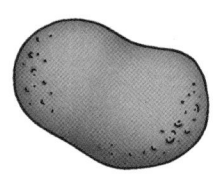

Aus Kartoffeln kann man leicht selbst Speisestärke herstellen. Sie wird beispielsweise bei Soßen gern als Verdickungsmittel eingesetzt. Die Kartoffeln werden geschält, gewaschen und gerieben. Der Kartoffelbrei, der dabei entsteht, wird in einem Tuch ausgepresst. Die daraus gewonnene Flüssigkeit lässt man stehen, das Kartoffelmehl setzt sich ab. Die Flüssigkeit wird abgeschüttet, übrig bleibt das Kartoffelmehl auf dem Boden. Nun muss es nur noch trocknen.

Wichtiges Wissen: Rohstoffe und industrielle Fertigung

Industriell gefertigte Produkte

In früheren Zeiten wurden Rohstoffe oft mühselig per Hand bearbeitet. Heute geschieht das meistens in industrieller Produktion. Maschinen nehmen den Menschen die schwere Arbeit ab und sorgen oft für kostengünstigere Produkte.

Aus Kuhmilch wird Trinkmilch

Auf den meisten Bauernhöfen werden die Kühe heute von Maschinen gemolken. Danach wird die Milch in der Molkerei abgeliefert. Dort wird sie auf Reinheit, Frische und die Belastung durch Keime untersucht.

Anschließend wird sie entrahmt und erhitzt, um sie keimfrei zu machen. Nachdem sie auf 5° Celsius abgekühlt ist, wird sie abgefüllt, verpackt und in den Geschäften verkauft.

Getreidearten

Der **Weizen** ist in Deutschland die wichtigste Getreideart. Du erkennst ihn an den kurzen Halmen und Grannen. Die Ähren sind dick. Weizen findest du in vielen Produkten: Brot, Nudeln, Eistüten usw.

Den **Roggen** erkennst du gut an den langen Halmen und der grau-grünen Farbe. Die schlanken Ähren haben lange Grannen. Roggenmehl wird für viele dunkle Brotsorten verwendet.

Gerste kannst du gut an den langen Grannen erkennen. Im reifen Zustand hängt die Ähre nach unten. Gerste wird nur selten zum Brotbacken verwendet, sie ist für das Bierbrauen und als Tierfutter wichtig.

Der **Hafer** wächst in Rispen mit kurzen Grannen. Aus Hafer werden Haferflocken und Müsli hergestellt. Er dient hauptsächlich als Tierfutter.

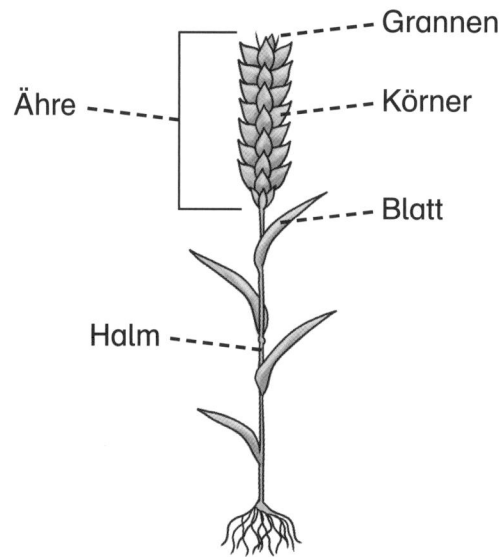

Das Mehl sieht unterschiedlich aus, je nachdem ob es mit oder ohne Schale und Keim gemahlen wurde und wie fein es gemahlen wurde.

Getreidekorn:

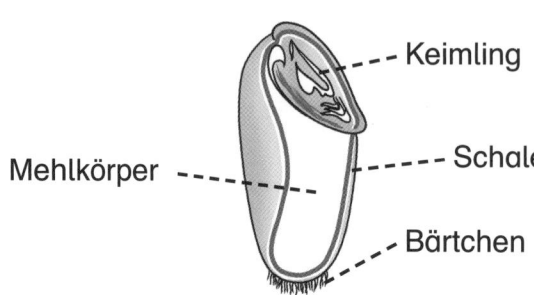

Wichtiges Wissen: Rohstoffe und industrielle Fertigung   Seite: 29

Vor- und Nachteile von industrieller Fertigung und Handarbeit

	Handarbeit	industrielle Fertigung
Ausgangsstoff	Getreide	Getreide
Rohstoff	selbstgemahlenes Vollkornmehl	Mehl aus Großmühlen
Inhaltsstoffe	Mehl, Wasser, Salz, Hefe oder Sauerteig	behandeltes Mehl, Wasser, Salz, viele Zusatzstoffe
Arbeit	vermischen, mit Handrührgerät kneten, per Hand formen	vermischen, kneten und formen mit Maschinen
Zeit	pro Stunde: zwei Brote	pro Stunde: viele Brote
Energie	hoch, da nur ein oder zwei Brote auf einmal gebacken werden können	niedriger, da große Backöfen viele Brote auf einmal backen, aber Stromverbrauch für kühle Lagerung der Teiglinge
Verwendung	Nahrungsmittel für die eigene Familie	Verkauf in Bäckereien, Supermärkten etc.
Transport	entfällt	Transport innerhalb der Region
Entsorgung	altes Brot dient als Knödelgrundlage oder Tiernahrung	Altbrot wird auch zu Tiernahrung verarbeitet

Wichtiges Wissen: Rohstoffe und industrielle Fertigung   Seite: 30

Wo wir einkaufen

Es gibt sowohl in der Stadt als auch in den kleinen Ortschaften auf dem Land verschiedene Möglichkeiten einzukaufen: auf dem Wochenmarkt, in kleinen Läden mit meist regionalen Produkten, im Supermarkt oder über das Internet.
Unser Einkaufsverhalten hat auch unterschiedliche Auswirkungen auf die Umwelt.

Vor- und Nachteile:

Wenn du regionale Ware einkaufst, kannst du sie anfassen, probieren, riechen, fühlen und sehen.
Das verdiente Geld bleibt in der Region und die Transportwege sind kurz.
Allerdings ist die Auswahl an Produkten geringer und der Preis höher.
Kaufst du im Supermarkt oder über das Internet ein, hast du mehr Auswahl und längere Öffnungszeiten, allerdings sind die Transportwege lang. Dadurch ist der Energieverbrauch bzw. der Ausstoß an Kohlendioxid viel höher. Außerdem fällt mehr Verpackungsmüll an.

Du kannst auch bewusst einkaufen, wenn du auf verschiedene anerkannte Siegel achtest und nachfragst, woher die Ware kommt und was sie beinhaltet. Der Preis sollte dich auch zum Nachdenken bringen: Kann für das Geld die Ware oder das Lebensmittel wirklich umwelt- und tierfreundlich hergestellt worden sein? Wie viel Geld macht die Marke aus?

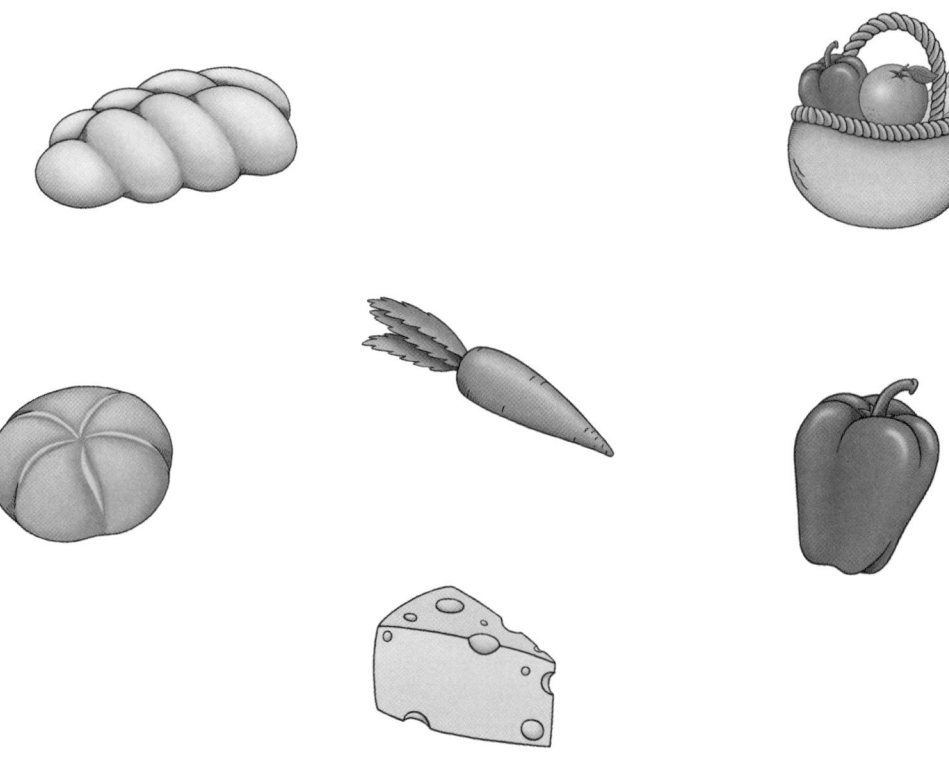

Klassenarbeit Sachunterricht 5
Rohstoffe und industrielle Fertigung
Ich lasse mich nicht ablenken!

Viel Erfolg!

1. Gib drei Beispiele für Rohstoffe an. — 3

a) _____

b) _____

c) _____

2. Fülle die Lücken richtig. — 4

Zucker kannst du aus _____ selbst herstellen. Zunächst werden sie _____. Anschließend schneidest du sie in kleine Stückchen. Beim Kochen siebst du den _____ ab. Unter ständigem Rühren kochst du daraus _____. Beim Trocknen des _____ entsteht eine feste _____, die sich _____ lässt. Fertig ist der _____ !

3. Wie gut kennst du dich mit der Herstellung von Brot aus? — 7

a) Beschreibe in Stichpunkten, wie das Brot per Hand gebacken wird.

Ausgangsstoff: _____

Rohstoff: _____

Inhaltsstoffe: _____

Arbeit: _____

Zeitaufwand: _____

Energieverbrauch: _____

Lagerung: _____

Klassenarbeit Sachunterricht 5
Rohstoffe und industrielle Fertigung

b) Wie wird das Brot industriell hergestellt? Beschreibe in Stichpunkten.

Ausgangsstoff: _____

Rohstoff: _____

Inhaltsstoffe: _____

Arbeit: _____

Zeitaufwand: _____

Energieverbrauch: _____

Lagerung: _____

4. Beschreibe zwei Vorteile selbst gebackener Brote. | 2

_____

_____

_____

5. Beschreibe in Stichpunkten den Weg von der Kuhmilch zur Trinkmilch. | 3

– _____

– _____

– _____

– _____

– _____

Klassenarbeit Sachunterricht 5
Rohstoffe und industrielle Fertigung

Seite: 33

6. Ergänze die Tabelle mit drei Beispielen deiner Wahl. | 3

	Beispiel	Beispiel	Beispiel
Rohstoff			
Fabrik			
Produkt			

7. Zeichne eine Getreidepflanze und beschrifte die einzelnen Teile dieser Pflanze. Schreibe den Namen deiner Getreidepflanze dazu. | 4

Bitte kreuze noch an, wie es dir bei der Probe gegangen ist:

Du hast _____ von 26 Punkten erreicht.

Klassenarbeit Sachunterricht 6
Rohstoffe und industrielle Fertigung

Seite: 34

Klassenarbeit Sachunterricht 6
Rohstoffe und industrielle Fertigung
Ich gebe mein Bestes!

Viel Erfolg!

1. Richtig oder falsch? Unterstreiche die richtige Bedeutung des Begriffs „recyceln". | 1

a) etwas wegwerfen

b) etwas vermeiden

c) etwas wiederverwerten

d) Fahrrad fahren

2. Nenne die Rohstoffe, die zu den folgenden Produkten führen. | 3

Produkt   **Rohstoff**

a) Jeans   _____

b) Wein   _____

c) Schmuck   _____

d) Brot   _____

e) Pullover   _____

f) Apfelsaft   _____

Klassenarbeit Sachunterricht 6
Rohstoffe und industrielle Fertigung

Seite: 35

3. Hier ist einiges durcheinandergeraten. Bringe die Sätze in die richtige Reihenfolge. | 4

a) Auf diese Weise entsteht der Apfelbrei, der auch Maische genannt wird.

b) Der Saft wird durch einen Durchlauferhitzer geleitet.

c) In der Apfelsaftfabrik angeliefert, werden die Äpfel zunächst in Silos gelagert.

d) Der Apfelsaft wird automatisch in leere Flaschen gefüllt.

e) Durch seine Hitze werden Bakterien und Pilze abgetötet.

f) Faule Äpfel werden aussortiert, die restliche Apfelmenge wird gewaschen und in der Ritzmühle zerkleinert.

g) Zum Schluss werden die Etiketten aufgeklebt.

h) In der Bandpresse wird die Maische zu Apfelsaft.

Die richtige Reihenfolge lautet:

☐ ☐ ☐ ☐ ☐ ☐ ☐ ☐

4. Nenne vier verschiedene Kosten, die die Apfelsaftproduktion verursacht. | 4

a) _____

b) _____

c) _____

d) _____

Klassenarbeit Sachunterricht 6
Rohstoffe und industrielle Fertigung

5. Nenne vier Waren, die in die Apfelsaftfabrik geliefert werden. — 2

a) _____

b) _____

c) _____

d) _____

6. Durch die Zentrifuge in der Molkerei wird die Rohmilch getrennt. Unterstreiche die zutreffende Antwort. — 1

Die Rohmilch wird zu:

a) Rahm und Käse

b) Buttermilch und Butter

c) Magermilch und Rahm

7. Lenis Mutter fragt sich, ob sie den Wochenendeinkauf in einem kleinen Laden im Dorf oder in einem großen Supermarkt machen soll. — 4

a) Nenne zwei Vorteile für den Einkauf im Dorfladen.

_____

_____

b) Nenne zwei Vorteile für den Einkauf im Supermarkt.

_____

_____

Bitte kreuze noch an, wie es dir bei der Probe gegangen ist:

Du hast _____ von 19 Punkten erreicht.

Klassenarbeit Sachunterricht 7
Rohstoffe und industrielle Fertigung

Seite: 37

Klassenarbeit Sachunterricht 7
Rohstoffe und industrielle Fertigung
Ich bin gut vorbereitet!

Viel Erfolg!

1. Wie wird Steinsalz zu Kochsalz? Erkläre in Stichpunkten. Verwende dabei folgende Begriffe:

    Steinsalz, Kochsalz, Wasser,

    Ton, erhitzen, verdampfen, lösen,

    zerkleinern, Kalk, Abbau

    _____
    _____
    _____
    _____
    _____
    _____
    _____
    _____
    _____
    _____

    5

2. Was muss bei der Ansiedlung einer Fabrik bedacht werden? Nenne vier wichtige Gesichtspunkte.

    a) _____
    b) _____
    c) _____
    d) _____

    4

Klassenarbeit Sachunterricht 7   Seite: 38
Rohstoffe und industrielle Fertigung

3. In der Molkerei wird Butter hergestellt. Bringe die einzelnen Arbeitsschritte in die richtige Reihenfolge.   6

a) Der Rahm reift in Reifungstanks und wird gekühlt.

b) Die Fettteilchen werden von der Milch in eiweißreiche Magermilch und in Rahm getrennt.

c) Die Butter wird in der Verpackungsmaschine in Butterpapier eingewickelt.

d) Die Milch wird gereinigt.

e) Die Milch wird im Labor auf Bakterien und Medikamentenrückstände untersucht.

f) Der Rahm wird in der Buttermaschine unter Zugabe von Eiswasser geschlagen.

g) In der Knetmaschine werden die Butterklumpen zu Buttersträngen geformt.

h) Die Butter wird bis zum Abtransport gekühlt.

i) Die Kuhmilch wird in 25.000-Liter-Tanks zur Molkerei befördert.

j) Rahm und Milch werden pasteurisiert, um Keime und Bakterien abzutöten.

k) Die Butter wird maschinell in Kartons geschichtet.

l) Die Butter wird in der Abfüllmaschine zu Butterstücken geformt.

Die richtige Reihenfolge der Buchstaben lautet:

_____

4. Schreibe den Namen der jeweiligen Getreidesorte dazu.   4

_____   _____

_____   _____

Klassenarbeit Sachunterricht 7
Rohstoffe und industrielle Fertigung

Seite: 39

5. Beschrifte die einzelnen Teile der Getreidepflanze. | 5

6. Die Bedeutung von Umweltsymbolen | 4

a) Kennst du das Symbol „blauer Engel"? Beschreibe kurz, was das ist.

_____

_____

b) Welche Vorteile bietet der Kauf von Produkten mit diesem Zeichen? Nenne zwei.

_____

_____

7. Leonie sagt: „Ich kann doch nichts dagegen machen, dass die Äpfel verpackt angeboten werden." Was könntest du ihr vorschlagen? Finde drei Möglichkeiten. | 3

_____

_____

_____

Bitte kreuze noch an, wie es dir bei der Probe gegangen ist:

Du hast _____ von 31 Punkten erreicht.

Klassenarbeit Sachunterricht 8
Rohstoffe und industrielle Fertigung
Ich strenge mich an!

Viel Erfolg!

1. Was ist der Unterschied zwischen Vollkornmehl und Weißmehl?   2

_____

_____

2. Die Bedeutung von Umweltsymbolen   4

a) Wie heißt dieses Zeichen?

_____

b) Welche Vorteile hat es, wenn du Produkte mit diesem Zeichen einkaufst? Nenne drei.

_____

_____

3. In immer mehr Städten gibt es sogenannte „Unverpacktläden". Was und wie kann man dort einkaufen?   3

_____

_____

_____

4. Für fast alle Produkte, die wir kaufen können, gibt es Serienanfertigungen und Einzelanfertigungen. Was ist damit gemeint? Finde für jede Art der Herstellung zwei geeignete Beispiele.   2

Einzelanfertigung: _____

Serienanfertigung: _____

Klassenarbeit Sachunterricht 8
Rohstoffe und industrielle Fertigung

Seite: 41

5. Transportwege | 4

a) Nenne zwei Gründe für die vielen langen Transportwege bei der Herstellung eines Produkts. Du kannst auch anhand von Beispielen erklären.

_____

_____

_____

b) Welche Nachteile haben lange Transportwege? Nenne mindestens zwei.

_____

_____

_____

_____

6. Recyclingpapier ist umweltfreundlicher als neu hergestelltes Papier. Wie kann ich den Rohstoff Holz noch stärker schonen, indem ich Papier spare? Nenne zwei Möglichkeiten. | 2

_____

_____

7. Erkläre kurz den Begriff „Rohstoff". | 2

_____

_____

_____

Klassenarbeit Sachunterricht 8   **Seite:** 42
Rohstoffe und industrielle Fertigung

8. Brötchen kaufen

a) Nenne drei Gründe, warum ein Brötchen im Supermarkt viel weniger kostet als beim Bäcker.

_____

_____

_____

b) Welche Nachteile haben industriell hergestellte Brötchen? Nenne drei.

_____

_____

_____

Bitte kreuze noch an, wie es dir bei der Probe gegangen ist: 😃 🙂 😐 ☹

Du hast _____ von 25 Punkten erreicht.

Wichtiges Wissen: Die Gemeinde

Zu einer Gemeinde gehören die Erwachsenen, Jugendlichen und Kinder eines Ortes. Sie bilden, sobald sie 18 Jahre alt sind, die Bürger der Gemeinde. Die Gemeinde verwaltet die Angelegenheiten des Ortes und ist die Grundlage des demokratischen Staates. Zu ihren Organen gehören der Gemeinderat und die Bürgermeisterin oder der Bürgermeister.

Aufgaben der Gemeinde
Die Aufgaben der Gemeinde sind vielfältig.
Sie kümmert sich um:
- Wasser-, Strom- und Kanalversorgung
- Bauhof
- Abfallbeseitigung
- Spielplätze
- Straßenreinigung und -bau
- Schulbau und -transport
- Erholungsmöglichkeiten wie Sportanlagen oder Wanderwege

Der Bürgermeister / die Bürgermeisterin

Der Bürgermeister ist der Leiter der Gemeinde und wird für sechs Jahre vom Gemeinderat gewählt.

Er hat als Vertreter der Gemeinde wichtige Aufgaben:
- Er vollzieht Eheschließungen.
- Er vereidigt die Mitglieder des Gemeinderates.
- Auch Ehrungen gehören zu seinen Verpflichtungen.

Der Gemeinderat

Er wird von den Bürgern gewählt und zwar alle sechs Jahre. Alle vier bis sechs Wochen findet eine Sitzung statt, in der verschiedene Anträge gestellt werden können, über die die Gemeinderäte abstimmen. Sie erhalten dazu eine schriftliche Einladung des Bürgermeisters.

Das Rathaus

Im Rathaus befindet sich der Sitz des Bürgermeisters (der Bürgermeisterin). Auch die Ämter der Gemeindeverwaltung sind hier angesiedelt. Ihre Dienste stehen allen Einwohnern offen.

Wichtiges Wissen: Die Gemeinde   Seite: 44

- Für eine Heirat oder eine Geburtsanmeldung ist das Standesamt zuständig.
- Beim Hausbau wenden sich die Bürger an das Bauamt.
- Ausweise stellt das Einwohnermeldeamt aus.
- Das Einwohnermeldeamt ist auch zuständig beim Wohnungswechsel.
- Im Fundamt können gefundene Gegenstände abgegeben oder abgeholt werden.

Will die Gemeinde ihren Aufgaben nachkommen, so kostet das Geld. Ihre Haupteinnahmequellen sind Steuern (ohne konkrete Gegenleistung) und Gebühren (gegen Inanspruchnahme einer Leistung).

Steuern	Gebühren
Lohnsteuer	Kanalgebühr
Gewerbesteuer	Abfallgebühr
Hundesteuer	Passgebühr

Über Einnahmen und Ausgaben stimmt der Gemeinderat nach Diskussion und Meinungsbildung ab. Bei Stimmgleichheit ist der Antrag abgelehnt. Er fasst auch Beschlüsse zu Anträgen. Im Haushaltsplan sind die Einnahmen und Ausgaben festgeschrieben. Es gibt öffentliche Sitzungen, bei denen jeder zuhören kann. Darüber hinaus gibt es nichtöffentliche Sitzungen.

Vom Antrag zum Beschluss

1. Antragsstellung
2. Gemeinderat informiert sich und diskutiert
3. demokratische Entscheidung
4. Antragsbewilligung oder -ablehnung

Das Bürgerbegehren und der Bürgerentscheid

Die Bürger einer Gemeinde können ein Bürgerbegehren beantragen. Dafür müssen ausreichend viele Unterschriften gesammelt werden. Der Gemeinderat prüft die Zulässigkeit. Nach drei Monaten sind alle Bürger aufgefordert, über den Vorschlag des Bürgerbegehrens abzustimmen. Sind mehr als die Hälfte der abgegebenen Stimmen dafür, so ist der Bürgerentscheid ein Jahr gültig.

Klassenarbeit Sachunterricht 9
Die Gemeinde

Klassenarbeit Sachunterricht 9
Die Gemeinde
Ich gebe mein Bestes!

Viel Erfolg!

1. Erkläre die folgenden drei Begriffe. — 3

a) Bürger: _____

_____

b) Gemeinde: _____

_____

c) Organe der Gemeinde: _____

_____

2. Nenne sechs Aufgaben der Gemeinde. — 3

a) _____

b) _____

c) _____

d) _____

e) _____

f) _____

Klassenarbeit Sachunterricht 9
Die Gemeinde

Seite: 46

3. Kennst du dich mit Ämtern aus? Kreuze das Richtige an. 4

	Einwohner-meldeamt	Standesamt	Ordnungsamt	Fundamt	Bauamt	Wohngeldamt
Eine Sporthalle wird abgerissen.						
Marco braucht einen neuen Pass.						
Familie Peters möchte Wohngeld beantragen.						
Deine Lehrerin möchte heiraten.						
Dein Vater muss einen Strafzettel bezahlen.						
Frau Gerlach möchte die Geburt ihres Sohnes melden.						
Dein Klassenkamerad wird von einem streunenden Hund gebissen.						
Onkel Fabian hat seinen Schlüssel verloren.						

4. Streiche die Ausgaben der Schule durch, die von der Gemeinde nicht bezahlt werden. 3

Computer   *Mittagessen*

Farbstifte   *Toilettenpapier*   *Schulausflug*

Bücher   *Fernseher*

Klassenarbeit Sachunterricht 9   Seite: 47
Die Gemeinde

---

5. Die Gemeinde hat zwei Möglichkeiten ihre Ausgaben zu finanzieren. Wie heißen sie? Nenne jeweils zwei Beispiele.   4

a) _____

_____

b) _____

_____

---

6. Peter (10) sagt zu Lena (13): „Hallo Lena, lass uns doch ein Bürgerbegehren veranstalten. Da muss man viele Unterschriften sammeln und diese zum Bürgermeister bringen. Wenn es genug sind, kann dieser abstimmen lassen. Und wenn wir genug Stimmen bekommen, muss die Schule in Zukunft immer schon um 11.20 Uhr enden."
Was sagst du zu Peters Vorschlag? Begründe in ganzen Sätzen.   4

_____

_____

_____

_____

_____

Bitte kreuze noch an, wie es dir bei der Probe gegangen ist: 😃 🙂 😐 ☹️

Du hast _____ von 21 Punkten erreicht.

Klassenarbeit Sachunterricht 10
Die Gemeinde

Seite: 48

Klassenarbeit Sachunterricht 10
Die Gemeinde
Ich bin gut vorbereitet!

Viel Erfolg!

---

1. Was weißt du über die Gemeinderatssitzung? Ergänze die Lücken. — 3

Alle _____ findet eine Gemeinderatssitzung statt. Die Gemeinderäte erhalten vorher eine _____ Einladung. Der _____ eröffnet die Sitzung. Es werden verschiedene _____ gestellt. In der Sitzung wird über sie _____. Bei _____ Sitzungen darf jeder zuhören.

---

2. Eine Gruppe von Eltern möchte für den Gemeindespielplatz ein neues Klettergerüst haben. Sie wenden sich an die Gemeinde. Beschreibe die Schritte, die zu einer Entscheidung führen. — 4

_____
_____
_____
_____

---

3. Welche Aufgaben hat eine Bürgermeisterin oder ein Bürgermeister? Nenne drei von ihnen. Schreibe in ganzen Sätzen. — 3

a) _____
_____

b) _____
_____

c) _____
_____

Klassenarbeit Sachunterricht 10
Die Gemeinde

4. Welche Einrichtungen befinden sich im Rathaus? Nenne fünf. | 5

a) _____

b) _____

c) _____

d) _____

e) _____

5. Streiche falsche Aussagen deutlich mit deinem Lineal durch. | 3

a) Die Bürgermeisterin hat immer einen männlichen Stellvertreter.

b) Der Bürgermeister wird für sechs Jahre gewählt.

c) Bei einem Bürgerbegehren stimmen nur die Gemeinderäte ab.

d) Jeder Bürger ab 18 kann sich als Kandidat für das Bürgermeisteramt aufstellen lassen.

e) Die Gemeinderatskandidaten dürfen bei der Wahl des Gemeinderats nicht mitwählen.

f) Die Gemeinderäte werden von den Bürgern gewählt.

6. Richtig oder falsch? Überlege dir, welche Eigenschaften einen guten Bürgermeister / eine gute Bürgermeisterin ausmachen. | 3

	richtig	falsch
a) Er/Sie sollte Klassenbester gewesen sein.		
b) Er/Sie sollte genau über die Gemeinde Bescheid wissen.		
c) Der Bürgermeister / die Bürgermeisterin muss Kinder haben.		
d) Er/Sie sollte gerecht sein.		
e) Er/Sie sollte im schönsten Haus der Stadt wohnen.		
f) Er/Sie sollte die Bürger über Planungen der Gemeinde gut informieren.		

Klassenarbeit Sachunterricht 10   Seite: 50
Die Gemeinde

7. Nenne die fünf Grundsätze der demokratischen Wahl.   5

a) _____

b) _____

c) _____

d) _____

e) _____

8. Wo sind die Einnahmen und Ausgaben der Gemeinde festgeschrieben? Streiche Unzutreffendes durch.   3

a) Im Tagebuch des Bürgermeisters

b) Im Protokoll der Gemeinderatssitzung

c) Im Haushaltsplan der Gemeinde

Bitte kreuze noch an, wie es dir bei der Probe gegangen ist:

Du hast _____ von 29 Punkten erreicht.

Klassenarbeit Sachunterricht 11
Die Gemeinde

Seite: 51

Klassenarbeit Sachunterricht 11
Die Gemeinde

Ich bin gut vorbereitet!

Viel Erfolg!

---

1. Kreuze an, was richtig ist. — 3

Herr Meier und Frau Müller gehen zum Standesamt, …

☐ wenn sie eine Sterbeurkunde brauchen.

☐ wenn sie heiraten wollen.

☐ um ihren Hund anzumelden.

☐ um die Geburt ihres Kindes anzumelden.

☐ um ihren Beruf anzumelden.

☐ wenn die Oma verstorben ist.

---

2. Bringe den Verlauf des Bürgerentscheids in die richtige Reihenfolge. — 4

☐ Nach drei Monaten wird über das Bürgerbegehren abgestimmt.

☐ Bürgerinnen und Bürger schließen sich zusammen und formulieren ihr Begehren.

☐ Die Gemeinde prüft die Zulässigkeit.

☐ Die Bürgerinnen und Bürger sammeln genügend Unterschriften.

☐ Wenn mehr als die Hälfte der abgegebenen Stimmen dafür ist, ist das Bürgerbegehren für ein Jahr gültig.

---

3. Wie heißt der Bürgermeister oder die Bürgermeisterin in deinem Ort? — 2

Schreibe den Vor- und Nachnamen auf.

_____

---

4. Unser Ort hat _____ Einwohner. — 1

Klassenarbeit Sachunterricht 11
Die Gemeinde

Seite: 52

5. Wie sieht das Wappen deiner Heimatstadt aus? Zeichne es in den Rahmen. | 3

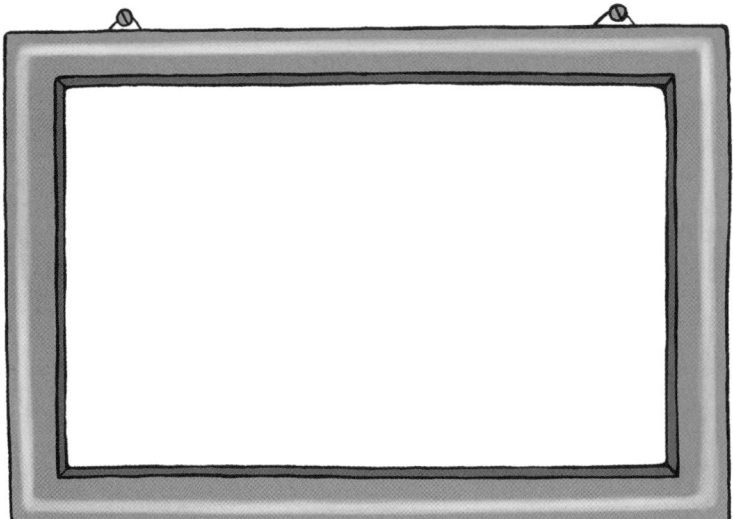

6. Streiche falsche Aussagen durch. | 6

a) Peter darf für seinen Vater den Wahlschein ankreuzen.

b) Melanie gibt bei der Wahl zum Klassensprecher zwei Stimmzettel für ihre Freundin ab.

c) Julia lässt sich beim Wählen nicht auf den Zettel schauen.

d) Bei der Klassensprecherwahl siegt bei Stimmengleichheit das Kind mit den besseren Noten.

e) Lukas war letztes Jahr schon Klassensprecher, deshalb darf er sich dieses Jahr nicht mehr aufstellen lassen.

f) Ein Stimmzettel für die Klassensprecherwahl mit zwei verschiedenen Namen darauf ist ungültig.

7. Bevor ein Gemeinderat über einen Antrag abstimmt, sollten sich die | 2

die Gemeinderäte _____ .

Bitte kreuze noch an, wie es dir bei der Probe gegangen ist:

Du hast _____ von 21 Punkten erreicht.

Klassenarbeit Sachunterricht 12
Die Gemeinde

Klassenarbeit Sachunterricht 12
Die Gemeinde
Ich habe schon so viel gelernt!

Viel Erfolg!

1. Schreibe jeweils das passende Amt dazu. Streiche die Anliegen durch, bei denen die Gemeinde nicht zuständig ist. | 3

   a) Lena hat einen Hund bekommen. Dieser muss angemeldet werden.
   _____

   b) Familie Hubers Telefonanschluss ist kaputt.
   _____

   c) Herr Koch ist umgezogen.
   _____

   d) Melanie hat starke Halsschmerzen und möchte von der Schule befreit werden.
   _____

   e) Judith braucht einen Reisepass.
   _____

   f) Simons Eltern wollen eine zweite Garage auf ihrem Grundstück bauen.
   _____

2. Für wie viele Jahre wird der Gemeinderat gewählt? Kreuze an. | 1

   ☐ für zwei Jahre
   ☐ für sechs Jahre
   ☐ für acht Jahre

Klassenarbeit Sachunterricht 12
Die Gemeinde

3. Richtig oder falsch? Kreuze an.

	richtig	falsch
a) Bei einer Gemeinderatssitzung entscheidet der Bürgermeister / die Bürgermeisterin.		
b) Bei Stimmengleichheit wird der Antrag angenommen.		
c) Wenn ein Gemeinderat krank ist, darf jemand aus seiner Familie ihn vertreten.		
d) Wenn der 1. Bürgermeister ein Mann ist, muss der 2. eine Frau sein.		
e) Die Einnahmen in einer Gemeinde sollten höher als die Ausgaben sein.		
f) Die Ausgaben in einer Gemeinde sollten höher als die Einnahmen sein.		

4. In der Gemeinde Allhausen wollen die Bürger keinen Gemeinderat mehr wählen, sondern bei allen Entscheidungen sollen immer alle Bürgerinnen und Bürger befragt werden. Finde zwei Vorteile und zwei Nachteile dieser Idee.
Schreibe in ganzen Sätzen.

_____

_____

_____

5. Steuern und Gebühren

a) Die Gemeinde bekommt ihr Geld aus Steuern und Gebühren. Was ist der Unterschied?

_____

_____

b) Nenne jeweils drei Beispiele.

Steuern: _____

Gebühren: _____

Klassenarbeit Sachunterricht 12   Seite: 55
Die Gemeinde

6. Fülle die Lücken.   `3`

Mein Ort hat ungefähr _____ Einwohner. Zu meiner Gemeinde gehören

_____ Ortsteile.

Die Bürgermeisterin oder der Bürgermeister heißt _____

(Vor- und Nachname).

Zu besonderen Anlässen trägt sie ihre / er seine _____ um den Hals.

Der Gemeinderat besteht aus _____ Gemeinderäten.

Alle _____ Jahre wird gewählt.

7. Markus sagt: „Eigentlich ist unsere Schulklasse wie eine kleine Gemeinde. Wir haben auch unsere Vertretung gewählt – nämlich die Klassensprecher –, und unsere Lehrerin ist für unsere Klasse die Bürgermeisterin."   `4`
Was würdest du zu Markus Aussage sagen? Begründe deine Meinung.

_____

_____

_____

_____

_____

Bitte kreuze noch an, wie es dir bei der Probe gegangen ist: 😃 🙂 😐 ☹️

Du hast _____ von 23 Punkten erreicht.

Wichtiges Wissen: Verkehrserziehung

Das Fahrrad

Als das Fahrrad um 1820 von dem Deutschen Carl Drais erfunden wurde, bestand es zunächst nur aus zwei Laufrädern, die ganz aus Holz waren. Die nach ihrem Erfinder benannte „Draisine" hatte noch keinen Lenker.

1860 hatte sich das Laufrad zum Hochrad weiterentwickelt. Es verfügte über
– eiserne Räder und Speichen,
– ein größeres Vorderrad mit einer Tretkurbel
– sowie Reifen aus Vollgummi.

Die Entwicklung des Fahrrads schreitet immer noch voran: Vor etwa 30 Jahren gab es zum Beispiel nur Scheinwerfer und Rücklicht. Heute sind verschiedene Reflektoren angebracht, damit man sowohl tagsüber als auch nachts von anderen Verkehrsteilnehmern gut zu erkennen ist.

Rangfolge der Verkehrsregeln

1. Polizei
2. Ampel
3. Verkehrszeichen
4. Rechts vor links

Die Reflektoren am verkehrssicheren Fahrrad
– vier gelbe Speichenreflektoren
– Rückstrahler
– roter Großflächenrückstrahler
– weißer Frontreflektor
– gelbe Pedalrückstrahler

Wichtiges Wissen: Verkehrserziehung

Wichtige Straßenschilder

Bist du fit für den Straßenverkehr? Als Radfahrer solltest du die Straßenschilder kennen, die dir helfen, dich verantwortungsbewusst gegenüber anderen Verkehrsteilnehmern zu verhalten.

Gefahrenzeichen

 **Vorsicht Kreuzung**
Die nächste Kreuzung oder Einmündung hat Vorfahrt von rechts.

 **einseitig verengte Fahrbahn**

 **Vorsicht Baustelle**

 **beidseitig verengte Fahrbahn**

Richtzeichen

 **Vorfahrtsstraße**
Fahrzeuge und Radfahrer haben vor dem Querverkehr Vorfahrt.

 **Ende der Vorfahrtsstraße**
Die Vorfahrt wurde aufgehoben. Für die nächste Kreuzung oder Einmündung gilt rechts vor links.

 **Einmalige Vorfahrt**
An der nächsten Kreuzung oder der nächsten Einmündung darf man vor dem Querverkehr fahren.

 **Beginn verkehrsberuhigter Bereich**

Vorschriftzeichen

 **Vorfahrt gewähren!**
Der von links und rechts kommende Verkehr muss vorbeigelassen werden, denn er hat Vorfahrt.

 **Halt! Vorfahrt gewähren!**
Die Fahrzeuge halten vor der Kreuzung an und geben dem Querverkehr Vorfahrt. Radfahrer setzen zudem einen Fuß auf.

Wichtiges Wissen: Verkehrserziehung

 **Sonderweg für Fußgänger**

 **Einbahnstraße**

  **Vorgeschriebene Fahrtrichtungen**

 **getrennter Fuß- und Radweg**

 **gemeinsamer Fuß- und Radweg**

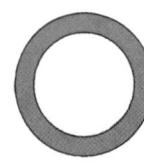 **Verbot für alle Fahrzeuge**

 **Verbot für Radfahrer**

 **Einfahrt verboten**

Zusatzzeichen

 **Fußgängerüberweg**

 **Verlauf der Vorfahrtsstraße**

Wichtiges Wissen: Verkehrserziehung

Mit dem Rad am Fahrbahnrand

Beim Anfahren vom Fahrbahnrand sind als Radfahrer einige Schritte zu beachten:

Schritt 1: Ich schaue links, rechts, links.
Schritt 2: Ich stelle das Fahrrad an den Straßenrand und steige auf.
Schritt 3: Ich schaue mich nach hinten links um.
Schritt 4: Ich gebe deutlich ein linkes Handzeichen.

Mit dem Rad an einer Kreuzung

Wenn du mit dem Fahrrad an einer Kreuzung mit Linksabbiegespur links abbiegen möchtest, sind folgende Regeln zu beachten:

Schritt 1: Ich schaue über die linke Schulter.
Schritt 2: Ich gebe deutlich ein linkes Handzeichen.
Schritt 3: Ich ordne mich in die Linksabbiegespur ein.
Schritt 4: Ich beachte die Vorfahrt.
Schritt 5: Ich schaue mich ein zweites Mal um.
Schritt 6: Ich biege in großem Bogen ab.
Schritt 7: Ich achte auf Fußgänger.

Der „grüne Pfeil"

An einer Kreuzung mit einer Ampel solltest du besonders auf das Zusatzschild „grüner Pfeil" achten.

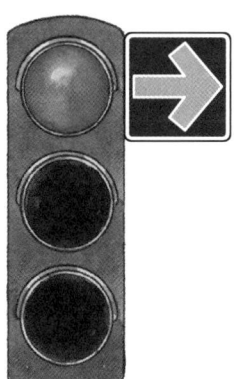

Hier darfst du rechts abbiegen, obwohl die Ampel rot zeigt. Vorher musst du allerdings folgende Verhaltensweisen beachten:

1. An der Haltelinie stehenbleiben
2. Auf Fußgänger und Fahrzeuge von links und rechts achten

Wichtiges Wissen: Verkehrserziehung   Seite: 60

Das verkehrssichere Fahrrad

Zu einem verkehrssicheren Fahrrad gehören die folgenden Teile:

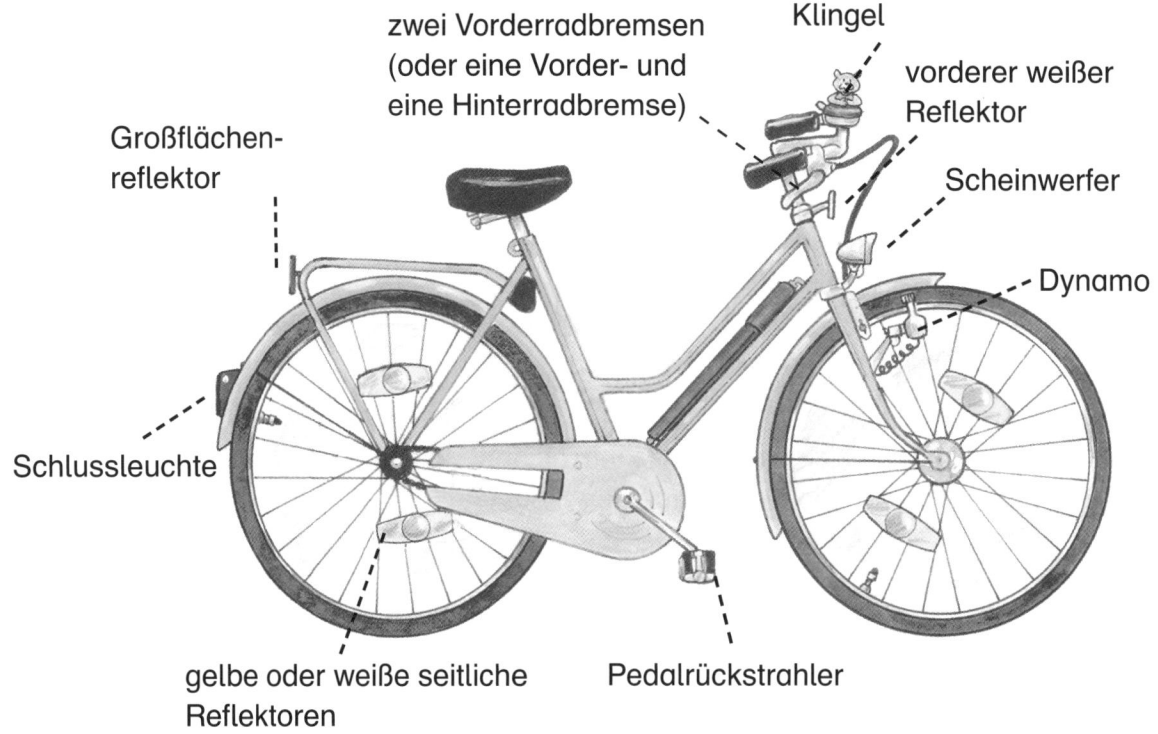

- zwei Vorderradbremsen (oder eine Vorder- und eine Hinterradbremse)
- Klingel
- vorderer weißer Reflektor
- Großflächenreflektor
- Scheinwerfer
- Dynamo
- Schlussleuchte
- gelbe oder weiße seitliche Reflektoren
- Pedalrückstrahler

Richtiges Verhalten

Abgesehen vom richtigen Verhalten in unterschiedlichen Verkehrssituationen solltest du dich als Radfahrer an diese Regeln halten:

- Ich fahre immer mit beiden Händen am Lenker.
- Ich habe beide Füße auf den Pedalen.
- Ich fahre stets hintereinander.
- Ich höre beim Fahrradfahren keine laute Musik.
- Sobald es dunkel wird, trage ich helle Kleidung, blinkende Anstecker und Leuchtstreifen.

Besondere Gefahr: Der tote Winkel

Der tote Winkel ist der Bereich bei Fahrzeugen, den der Fahrer nicht einsehen kann. Dieser Bereich ist lebensgefährlich!

Es gibt mehrere tote Winkel:
1. vor dem Fahrzeug
2. rechts neben dem Fahrzeug
3. links neben dem Fahrzeug
4. hinter dem Fahrzeug

Toter Winkel links neben dem Fahrzeug

Klassenarbeit Sachunterricht 13
Verkehrserziehung

Klassenarbeit Sachunterricht 13
Verkehrserziehung
Ich lasse mich nicht ablenken!

Viel Erfolg!

1. Richtig oder falsch? Kreuze an.

	richtig	falsch
a) Radfahrer dürfen auf der Straße fahren, wie sie wollen.		
b) Radfahrer, die noch nicht acht Jahre alt sind, müssen auf dem Gehweg fahren.		
c) Wenn Radfahrer in Eile sind, dürfen sie zwischen Menschen, die den Zebrastreifen überqueren, hindurchfahren.		
d) Die Ampel steht auf Orange. Ich beeile mich, um mit meinem Fahrrad noch schnell über die Kreuzung zu kommen.		
e) Einsatzfahrzeuge (Rettungswagen, Feuerwehr, …) mit Blaulicht und Martinshorn haben immer Vorrang.		
f) Autos müssen warten, wenn ich mit dem Fahrrad über einen Zebrastreifen fahre.		

2. Kennst du die Rangfolge dieser Verkehrsregeln? Nummeriere sie in der richtigen Reihenfolge.

☐ Ampel ☐ Rechts vor links ☐ Polizei ☐ Verkehrszeichen

3. Zeichne folgende Verkehrsschilder in die leeren Kästchen ein.

a) Halt! Vorfahrt gewähren!

b) Vorfahrt gewähren!

Klassenarbeit Sachunterricht 13
Verkehrserziehung

Seite: 62

c) Vorfahrt an der nächsten Kreuzung oder der nächsten Einmündung

d) Verbot der Einfahrt

4. Verhalten sich die Verkehrsteilnehmer richtig? Wie müssen sie sich nach den Verkehrsregeln verhalten? Erkläre in ganzen Sätzen.

a)

b)

Klassenarbeit Sachunterricht 13
Verkehrserziehung

Seite: 63

5. Beschrifte das verkehrssichere Fahrrad. | 5

_____

_____   _____

_____   _____

                                                    _____

_____

                         _____

6. Es ist Winter. Woran solltest du denken, wenn du von anderen Verkehrsteilnehmern gut gesehen werden möchtest? Nenne drei Dinge. | 3

_____

_____

_____

7. So benutzt du die Fahrbahn richtig. Fülle die Lücken. | 4

a) Zu Beginn meiner Fahrt schiebe ich mein Fahrrad zum _____.

b) Ich schaue nach _____ und _____ und stelle das Fahrrad in Fahrtrichtung auf.

c) Ich sehe mich nach _____ um.

d) Ich gebe _____ _____.

e) Ich lege beide _____ auf den _____ und fahre los.

Klassenarbeit Sachunterricht 13
Verkehrserziehung

Seite: 64

8. Wie dürfen die Verkehrsteilnehmer fahren? Nenne die richtige Reihenfolge.

6

a)

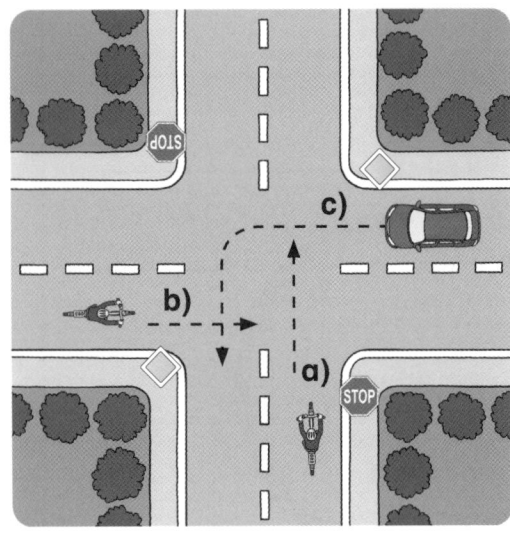

Die richtige Reihenfolge lautet:

b)

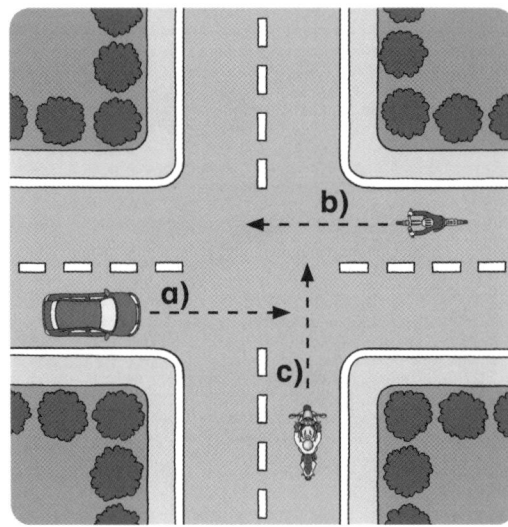

Die richtige Reihenfolge lautet:

c)

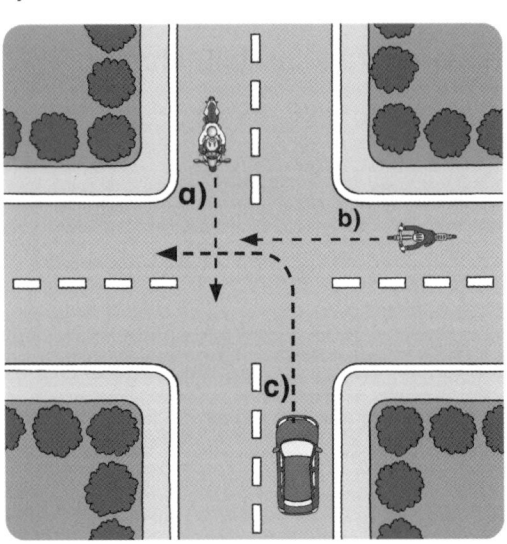

Die richtige Reihenfolge lautet:

Bitte kreuze noch an, wie es dir bei der Probe gegangen ist:

Du hast _____ von 31 Punkten erreicht.

Klassenarbeit Sachunterricht 14
Verkehrserziehung

Seite: 65

Klassenarbeit Sachunterricht 14
Verkehrserziehung

Ich habe schon so viel gelernt!

Viel Erfolg!

---

1. Welche Gefahrenzeichen kennst du? Zeichne zwei in die leeren Kästchen ein und benenne sie. | 4

a)

b)

_____   _____

---

2. Wie gut kannst du die Absichten anderer Verkehrsteilnehmer einschätzen? Zeichne die aufleuchtenden Lampen mit den richtigen Farben ein. | 2

a) Der Autofahrer bremst.

b) Der Autofahrer will nach rechts abbiegen.

Klassenarbeit Sachunterricht 14
Verkehrserziehung

Seite: 66

3. Auf welchem Bild sitzt der Helm richtig? Kreuze an. | 1

☐   ☐   ☐

4. Kennst du die Bedeutung des Zusatzschildes „grüner Pfeil"? Streiche nichtzutreffende Sätze durch. | 4

a) Der grüne Pfeil signalisiert mir, dass ich auf jeden Fall Vorfahrt habe.

b) Ich darf rechts abbiegen, obwohl die Ampel auf rot steht.

c) Ich bleibe an der Haltelinie stehen und fahre erst dann weiter, wenn ich Fußgänger und Fahrzeuge von links und rechts kommend beachtet habe.

d) Wenn ich bis zur Sichtlinie fahre, müssen mir kreuzende Fußgänger sowie Radfahrer ausweichen.

5. Schreibe drei Regeln auf, wie du dich als Radfahrer oder Radfahrerin auf der Fahrbahn verhalten sollst. | 3

_____

_____

_____

6. Füge „rechts" und/oder „links" ein. | 3

a) Ich fahre auf dem Radweg _____ .

b) Ich fahre mit dem Rad auf der Fahrbahn möglichst _____ .

c) Ich gebe deutlich _____ Handzeichen.

d) Wenn ich losfahre, schaue ich mich nach _____ hinten um.

e) Ich fahre mit dem Rad auf der rechten von beiden Fahrbahnen _____ .

f) Als langsamer Verkehrsteilnehmer muss ich _____ fahren.

Klassenarbeit Sachunterricht 14   Seite: 67
Verkehrserziehung

7. Richtig oder falsch? Kreuze an.   3

	richtig	falsch
a) An Kreuzungen können Verkehrszeichen den Verkehr regeln.		
b) Eine Kreuzung wird nie durch eine Ampel geregelt.		
c) Auch Polizisten können den Verkehr an Kreuzungen regeln.		
d) Gibt es keine Verkehrszeichen, keine Ampel oder keinen Polizisten an der Kreuzung, gilt die Rechts-vor-links-Regel.		
e) Wenn keine Verkehrszeichen, Polizisten oder Ampeln an der Kreuzung sind, warte ich, bis sie kommen oder aufgestellt werden.		
f) Wenn ein Polizist den Verkehr regelt, müssen die Ampeln ausgeschaltet sein.		

8. Was musst du beachten, wenn du auf der Fahrbahn an einem Hindernis vorbeifährst? Beschreibe genau.   8

_____
_____
_____
_____
_____

Bitte kreuze noch an, wie es dir bei der Probe gegangen ist:

Du hast _____ von 28 Punkten erreicht.

Klassenarbeit Sachunterricht 15
Verkehrserziehung

Klassenarbeit Sachunterricht 15
Verkehrserziehung
Ich strenge mich an!

Viel Erfolg!

---

1. Nenne die richtigen Namen der folgenden Verkehrsschilder. | 4

a) _____

b) _____

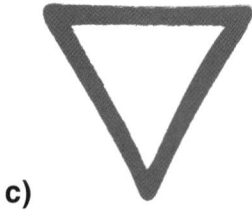

c) _____

d) _____

---

2. Herr Beck hat eine Anleitung verfasst, wie seine Schüler am besten aus dem Grundstück der Schule fahren. Leider sind seine Aufzeichnungen auf dem Schreibtisch durcheinandergeraten. Bringe die Sätze in die richtige Reihenfolge. | 3

a) Handzeichen geben

b) nach hinten links umsehen

c) auf den fließenden Verkehr achten

d) das Rad bis zum Fahrbahnrand schieben

e) mit beiden Händen am Lenker losfahren und die Spur halten

f) das Fahrrad in Fahrtrichtung auf die rechte Fahrbahnseite schieben

Die richtige Reihenfolge lautet:

☐ ☐ ☐ ☐ ☐ ☐

Klassenarbeit Sachunterricht 15   Seite: 69
Verkehrserziehung

3. Zeichne die folgenden Verkehrsschilder.   3

a) Einbahnstraße

b) Kombinierter Rad-/Fußweg

c) Einfahrt verboten

4. Was musst du tun, wenn ein Polizist oder eine Polizistin diese Gesten macht?   3

a)

b)

_____   _____

Klassenarbeit Sachunterricht 15
Verkehrserziehung

Seite: 70

5. Wer darf wann fahren? Nenne die richtige Reihenfolge.

a)

b)

Die richtige Reihenfolge lautet:

Die richtige Reihenfolge lautet:

c)

Die richtige Reihenfolge lautet:

Klassenarbeit Sachunterricht 15
Verkehrserziehung

Seite: 71

6. Richtig oder falsch? Kreuze an.

	richtig	falsch
a) Eine Hand am Lenker reicht völlig aus.		
b) Die Füße gehören auf beide Pedale.		
c) Ich nehme Schulfreunde auf dem Gepäckträger mit.		
d) Ich fahre nie mit lauter Musik aus dem MP3-Player.		
e) Alle Fahrräder sind verkehrssicher.		
f) Auf der Straße fahre ich nur nebeneinander.		

3

7. Lena möchte im Dunkeln von ihrer Freundin nach Hause fahren. Dabei stellt sie fest, dass das Licht an ihrem Fahrrad kaputt ist. Was sollte sie in diesem Fall tun?

_____

_____

2

8. Streiche falsche Sätze durch.

a) Sind an einer Kreuzung eine Ampel und Verkehrsschilder angebracht, so sind die Schilder nur gültig, wenn die Ampel ausgeschaltet ist.

b) Ein Fahrradfahrer muss sich an die Verkehrszeichen und -regeln halten.

c) Fahrzeuge, die von links kommen, haben immer Vorfahrt, wenn keine Verkehrsschilder vorhanden sind.

d) Einsatzfahrzeuge wie Feuerwehr oder Rettungswagen mit Blaulicht und Martinshorn haben immer Vorrang.

e) Fahrzeuge, die geradeaus fahren, haben gegenüber abbiegenden Fahrzeugen keinen Vorrang.

f) Fahrzeuge im Fließverkehr haben gegenüber Fahrzeugen aus Nebenfahrbahnen wie Hauseinfahrten oder Parkplätzen Vorrang.

3

Bitte kreuze noch an, wie es dir bei der Probe gegangen ist:

Du hast _____ von 27 Punkten erreicht.

Klassenarbeit Sachunterricht 16
Verkehrserziehung

Klassenarbeit Sachunterricht 16
Verkehrserziehung
Ich zeige, was ich kann!

Viel Erfolg!

1. Beschreibe dein richtiges Verhalten bei den folgenden drei Verkehrszeichen in ganzen Sätzen. — 6

   a) _____

   b) _____

   c) _____

2. Du möchtest mit dem Rad an einer Kreuzung, an der sich keine Ampel oder sonstige Verkehrszeichen befinden, nach links abbiegen. Schreibe dein richtiges Verhalten auf und beachte dabei die Reihenfolge. — 7

   a) _____
   b) _____
   c) _____
   d) _____
   e) _____
   f) _____
   g) _____

Klassenarbeit Sachunterricht 16
Verkehrserziehung

Seite: 73

3. Wie heißen die folgenden Verkehrszeichen?

a) _____

b) _____

c) _____

4. Richtig oder falsch? Kreuze an.

Ein Lastwagen mit Anhänger will nach rechts abbiegen. Welches Verhalten ist für dich als Radfahrer hier angemessen und welches nicht?

	richtig	falsch
a) Aufgrund des toten Winkels kann der Lastwagenfahrer mich nicht sehen, daher darf ich weder links noch rechts an ihm vorbeifahren.		
b) Ich darf nur rechts nicht an ihm vorbeifahren, da er mich beim Abbiegen übersehen und überfahren könnte.		
c) Ich darf meine Fahrt ungehindert fortsetzen, da der Lastwagenfahrer beim Abbiegen in den Rückspiegel sehen muss.		

Klassenarbeit Sachunterricht 16
Verkehrserziehung

5. Wann dürfen die Verkehrsteilnehmer fahren?
   Nenne die richtige Reihenfolge.

a)

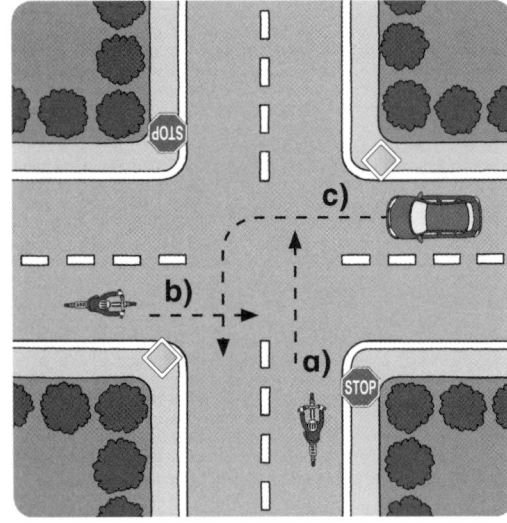

Die richtige Reihenfolge lautet:

b)

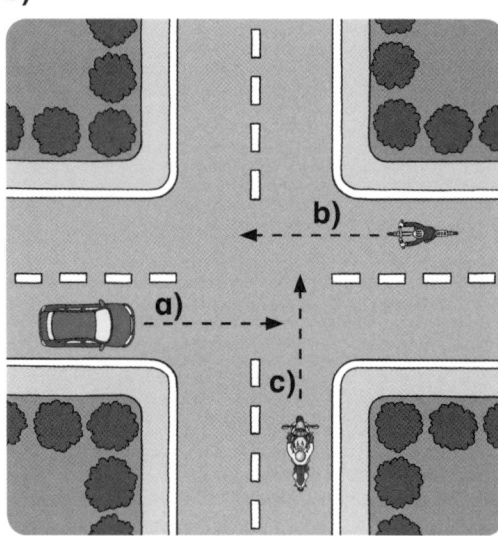

Die richtige Reihenfolge lautet:

c)

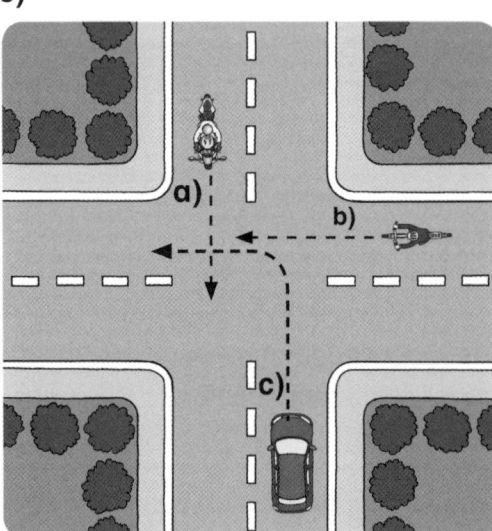

Die richtige Reihenfolge lautet:

Klassenarbeit Sachunterricht 16
Verkehrserziehung

Seite: 75

6. Erkläre den Unterschied zwischen diesen beiden Verkehrszeichen. Was haben sie gemeinsam?

_____
_____
_____

| 2 |

7. Sieh dir die beiden folgenden Verkehrszeichen genau an. Beschreibe ihre Bedeutung und nenne das richtige Verhalten.

a)

Bedeutung: _____
Verhalten: _____

b)

Bedeutung: _____
Verhalten: _____

| 4 |

Bitte kreuze noch an, wie es dir bei der Probe gegangen ist: 😀 🙂 😐 ☹

Du hast _____ von 31 Punkten erreicht.

Klassenarbeit Sachunterricht 17
Verkehrserziehung

Klassenarbeit Sachunterricht 17
Verkehrserziehung

Ich gebe mein Bestes!

Viel Erfolg!

1. Du stehst als Radfahrer an der Kreuzung. Wer hat Vorfahrt? Streiche Nichtzutreffendes durch.

6

a)

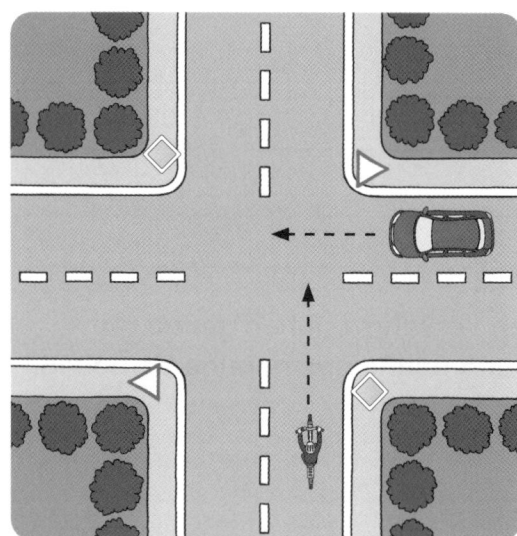

- Es gilt rechts vor links. Das von rechts kommende Auto hat Vorfahrt.
- Mein Verkehrszeichen signalisiert mir, dass ich hier Vorfahrt habe. Ich fahre aber erst, wenn das Auto meine Vorfahrt beachtet.
- Hier hat das Auto eindeutig Vorfahrt.

b)

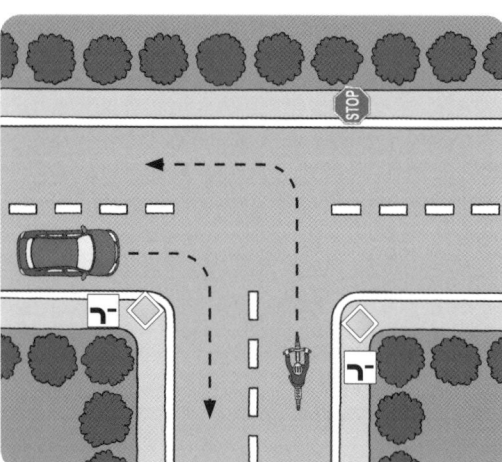

- Das Auto fährt zuerst.
- Das Auto und ich dürfen gleichzeitig fahren, da wir uns nicht behindern.
- Bevor ich nach links abbiege, muss ich die Regel rechts vor links beachten.

c)

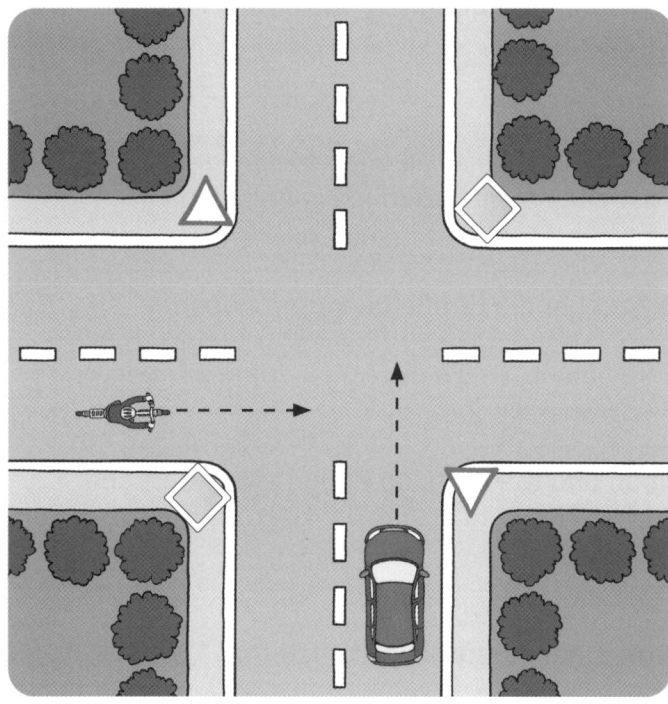

- Ich bin auf der Vorfahrtsstraße. Ich fahre weiter und muss nicht stehen bleiben, wenn das Auto meine Vorfahrt beachtet.
- Hier gilt rechts vor links.
- Da das Auto Vorfahrt hat, bleibe ich stehen und lasse das Auto zuerst fahren.

d)

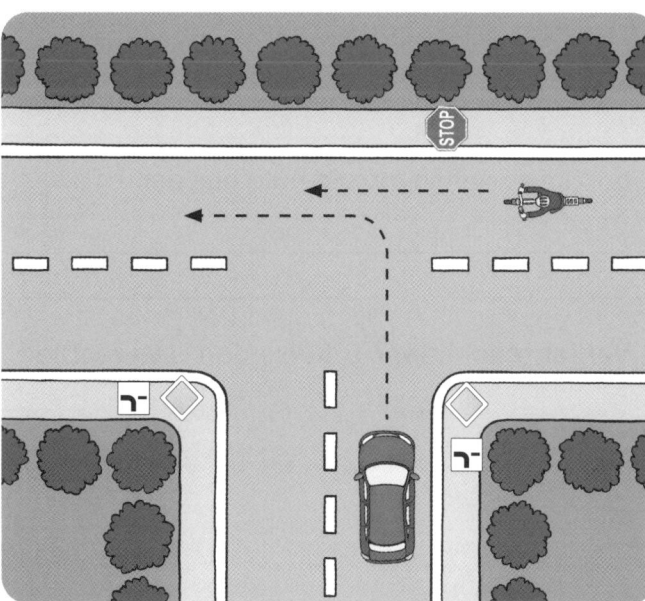

- Da das Auto auf der Vorfahrtsstraße bleibt, darf es zuerst fahren.
- Ich muss warten, da ich die Vorfahrtsstraße verlassen werde.
- Ich fahre als Erster, da ich geradeaus fahren möchte.

Klassenarbeit Sachunterricht 17
Verkehrserziehung

Seite: 78

2. Du näherst dich mit deinem Fahrrad einem Zebrastreifen, wie verhältst du dich richtig? Kreuze an. 4

	richtig	falsch
a) Wenn Kinder am Zebrastreifen stehen, darf ich in gemäßigtem Tempo weiterfahren, weil nur Autos dort halten müssen.		
b) Ich halte an, bis die Fußgänger die Straße überquert haben.		
c) Da ich auf jeden Fall langsamer bin als die Autos, fahre ich weiter, sonst gelange ich niemals an mein Ziel.		
d) Ich halte auf jeden Fall an und warte ab, ob Fußgänger die Straße überqueren wollen.		

3. Wie verhältst du dich an einer Ausfahrt? Kreuze an. 4

	richtig	falsch
a) Ich fahre langsam und schaue, ob jemand aus der Ausfahrt kommt.		
b) Ich fahre schnell vorbei, ehe jemand aus der Ausfahrt kommen kann.		
c) Ich schreie laut „Aus dem Weg!" in die Ausfahrt hinein und fahre weiter.		
d) Ich halte auf jeden Fall an, um zu sehen, ob ein Auto aus der Ausfahrt fährt.		

4. Wie heißen die beiden Verkehrsschilder? Erkläre den Unterschied. 2

_____

_____

Klassenarbeit Sachunterricht 17
Verkehrserziehung

Seite: 79

5. Folgende Teile gehören zum verkehrssicheren Fahrrad. Welche Teile fehlen noch? | 3

Vorderradbremse, weißer Reflektor vorn, Dynamo, gelbe oder weiße seitliche Reflektoren

_____

_____

6. Antonia möchte links an einem parkenden Auto vorbeifahren. Beschreibe, wie sie das machen muss. | 4

_____

_____

_____

_____

7. Zeichne folgende Verkehrsschilder. | 4

Ende der Vorfahrtsstraße

Einmalige Vorfahrt

Einfahrt verboten

Verbot für alle Fahrzeuge

Bitte kreuze noch an, wie es dir bei der Probe gegangen ist:

Du hast _____ von 27 Punkten erreicht.

Wichtiges Wissen: Deutschland und Europa / Kinderrechte

Deutschland liegt auf dem europäischen Kontinent. Der Name des Kontinents – Europa – lässt sich auf die griechische Mythologie zurückführen, denn Zeus, der mächtigste aller griechischen Götter, brachte die Prinzessin Europa, in die er unsterblich verliebt war, auf die europäische Insel Kreta. Ihr zu Ehren trägt der Kontinent seitdem den Namen der schönen Prinzessin.

- Deutschland ist von den Nachbarländern Dänemark (im Norden), Polen und Tschechien (im Osten), Österreich und Schweiz (im Süden) sowie Frankreich, Luxemburg, Belgien und den Niederlanden (im Westen) umgeben.
- Viele europäische Staaten gehören zur Europäischen Union.
- Deutschland grenzt an die beiden Meere Ostsee und Nordsee. An das Mittelmeer grenzen unter anderem die Länder Italien, Frankreich und Spanien.
- Der längste Fluss Europas ist die Wolga. Sie fließt durch Russland.
- Der höchste Berg Europas ist der Mont Blanc. Er liegt zwischen Frankreich und Italien.

Wichtiges Wissen: Deutschland und Europa / Kinderrechte

Europäische Hauptstädte und ihre Sehenswürdigkeiten

Hauptstadt	Sehenswürdigkeit
Berlin (Deutschland)	Brandenburger Tor
London (Großbritannien)	Big Ben
Paris (Frankreich)	Eiffelturm
Athen (Griechenland)	Akropolis
Moskau (Russland)	Kreml
Wien (Österreich)	Prater
Rom (Italien)	Kolosseum
Kopenhagen (Dänemark)	Meerjungfrau

Deutschland

In Deutschland leben ungefähr 80 Millionen Frauen, Männer, Jugendliche, Kinder und Babys. Es ist damit eines der bevölkerungsreichsten Länder in Europa. Im Süden ist Deutschland eher gebirgig und reicht bis zu den Alpen. Im Norden ist die Landschaft flach und endet meist an der Nordsee und der Ostsee.

Früher gab es verschiedene deutsche Gebiete, die sich im 19. Jahrhundert vereint haben zum „Deutschen Reich". Die „Bundesrepublik Deutschland" entstand 1949. 16 Bundesländer und Stadtstaaten gibt es seit 1990. Die wichtigsten Flüsse, die durch Deutschland fließen, sind Rhein, Main, Donau, Elbe und Isar.

Spezialitäten aus anderen Ländern

Wir reisen gern in andere Länder, um Sport zu treiben, um uns zu erholen, um Neues zu entdecken und um andere Speisen auszuprobieren.
Aber auch zu Hause essen wir oftmals Spezialitäten aus anderen Ländern. Du kennst bestimmt einige der folgenden Speisen:

Land	Spezialität
Frankreich	Baguette
Griechenland	Gyros
Großbritannien	Fish and Chips
Italien	Pizza
Türkei	Döner
Spanien	Paella

Migration

Viele Menschen kommen jedoch nicht nur als Touristen nach Europa. In ihren Heimatländern herrschen Krieg, Hunger, Unterdrückung, Gewalt und Armut. Deshalb müssen sie ihre Heimat verlassen und woanders Zuflucht suchen.

Kinderrechte

Vor allem in ärmeren Regionen wie Afrika, Südamerika und Asien müssen Kinder oft arbeiten, damit ihre Familien genug zu essen haben. Sie sammeln zum Beispiel den Müll von Mülldeponien und verkaufen ihn weiter. Über 200 Millionen Kinder sind weltweit davon betroffen.

Von Kinderarbeit spricht man, wenn Kinder ausgebeutet werden, wenn ihnen kein angemessener Lohn gezahlt wird und die Arbeit, die sie machen müssen, gegen die Kinderrechte der UNICEF verstößt.

Die UNICEF ist das Kinderhilfswerk der Vereinten Nationen und setzt sich dafür ein, dass aus den Kinderrechten Wirklichkeit wird. In rund 150 Ländern überall auf der Welt ist die UNICEF jeden Tag für Kinder im Einsatz. Die Kinderrechte wurden am 20. November 1989 von der Generalversammlung der Vereinten Nationen verabschiedet und traten am 2. November 1990 in Kraft. Nur die USA haben sie bis heute nicht unterschrieben.

Kinderrechte:
- das Recht auf Bildung
- das Recht auf freie Meinungsäußerung
- das Recht auf Betreuung bei Behinderung
- das Recht bei seinen Eltern zu leben und versorgt zu werden
- das Recht auf Privatsphäre
- das Recht auf Freizeit und Spiel
- das Recht auf gleiche Behandlung
- das Recht auf Schutz und Hilfe vor Ausbeutung und Gewalt
- das Recht auf Gesundheit
- das Recht auf Schutz im Krieg und auf der Flucht

Verständnisschwierigkeiten

Kinder, die aus anderen Ländern nach Deutschland einwandern, haben anfangs oft Schwierigkeiten, die neue Sprache zu verstehen. Sie kennen noch niemanden und haben daher noch keine Freunde. Auch das Schulsystem ist häufig ungewohnt.

Hilfestellung für ausländische Schüler

Du kannst ausländischen Mitschülern helfen, sich schneller zurechtzufinden, indem du auf sie achtest, mit ihnen sprichst, sie zu Feiern einlädst und mit ihnen deine Freizeit verbringst.

Klassenarbeit Sachunterricht 18
Deutschland und Europa / Kinderrechte

Seite: 84

Klassenarbeit Sachunterricht 18
Deutschland und Europa / Kinderrechte

Ich habe schon so viel gelernt!

Viel Erfolg!

1. Welche Hauptstädte gehören zu welchen Ländern? Und welche Länder gehören zu welchen Hauptstädten? Ordne richtig zu. — 4

Land	Hauptstadt
Österreich	
Dänemark	
Griechenland	
Russland	

Land	Hauptstadt
	Madrid
	Rom
	London
	Amsterdam

2. Wie heißen die Nachbarländer Deutschlands? — 4,5

im Norden: _____

im Osten: _____

im Süden: _____

im Westen: _____

3. Wie kam der europäische Kontinent zu seinem Namen? Antworte in ganzen Sätzen. — 2

_____
_____
_____
_____

Klassenarbeit Sachunterricht 18
Deutschland und Europa / Kinderrechte

Seite: 85

4. Ergänze die Lücken richtig. | 4

Deutschland grenzt an die zwei Meere _____ und _____.

Spanien, Frankreich und Italien grenzen an das _____. Europas längster

Fluss befindet sich in _____. Es ist die _____.

Der _____ ist die höchste Erhebung Europas. Er befindet sich zwischen

_____ und _____.

5. Benenne die Sehenswürdigkeiten und ordne sie der richtigen Stadt und dem richtigen Land zu. | 4,5

a)

Name: _____

Stadt: _____

Land: _____

b)

Name: _____

Stadt: _____

Land: _____

c)

Name: _____

Stadt: _____

Land: _____

Klassenarbeit Sachunterricht 18
Deutschland und Europa / Kinderrechte

Seite: 86

6. Kennst du die folgenden Spezialitäten? Nenne ihr jeweiliges Herkunftsland. | 2

Baguette Land: _____

Döner Land: _____

Pizza Land: _____

Fish and Chips Land: _____

7. Erkläre genau, was mit dem Kinderrecht „Recht auf Bildung" gemeint ist. | 2

_____

_____

8. Rechte und Pflichten! Male alle Rechte grün und alle Pflichten orange an. | 4

- Zeit für Spiele
- Geschirrmaschine ausräumen
- Hausaufgaben machen
- Schlafen
- Kompost ausleeren
- zum Arzt gebracht werden
- Computerspielezeit einhalten
- Wäsche einräumen

Bitte kreuze noch an, wie es dir bei der Probe gegangen ist: 😀 🙂 😐 ☹️

Du hast _____ von 27 Punkten erreicht.

Klassenarbeit Sachunterricht 19
Deutschland und Europa / Kinderrechte

Klassenarbeit Sachunterricht 19
Deutschland und Europa / Kinderrechte

Ich lasse mich nicht ablenken!

Viel Erfolg!

1. Nenne vier Gründe, warum wir gern ins Ausland fahren. **2**

   a) _____

   b) _____

   c) _____

   d) _____

2. Fatima ist neu in deine Klasse gekommen. Beschreibe vier Möglichkeiten, wie du ihr helfen kannst, sich an der Schule besser zurechtzufinden. **4**

   a) _____

   b) _____

   c) _____

   d) _____

3. Was kannst du von Fatima lernen? Nenne drei Dinge. **3**

   a) _____

   b) _____

   c) _____

Klassenarbeit Sachunterricht 19
Deutschland und Europa / Kinderrechte

4. Was sind Flüchtlinge? Erkläre den Begriff im ganzen Satz. | 2

_____

_____

5. Nenne fünf Gründe, warum Menschen zu Flüchtlingen werden können. | 2,5

a) _____

b) _____

c) _____

d) _____

e) _____

6. Nenne fünf verschiedene Kinderrechte. | 2,5

a) _____

_____

b) _____

_____

c) _____

_____

d) _____

_____

e) _____

_____

Klassenarbeit Sachunterricht 19
Deutschland und Europa / Kinderrechte

Seite: 89

7. Als ihre Mutter Christina bittet, ihr beim Abtrocknen zu helfen, lehnt Christina ab. Sie weist ihre Mutter darauf hin, dass sie Kinderrechte hat. Was meinst du dazu? Hat Christina Recht? Begründe deine Antwort.

_____

_____

_____

2

8. Wo liegt Deutschland? Fahre die Umrisse von Deutschland mit einem roten Stift nach.

1

9. Zeichne in die Karte von Aufgabe 8 die Hauptstadt Berlin ein.

1

Bitte kreuze noch an, wie es dir bei der Probe gegangen ist:

Du hast _____ von 20 Punkten erreicht.

Klassenarbeit Sachunterricht 20
Deutschland und Europa / Kinderrechte

Seite: 90

Klassenarbeit Sachunterricht 20
Deutschland und Europa / Kinderrechte
Ich zeige, was ich kann!

Viel Erfolg!

1. Hier werden verschiedene Kinderrechte nicht eingehalten. | 3
   Um welche handelt es sich jeweils?

   a) Felipe hat Angst davor, in der Schule eine schlechte Arbeit zu schreiben. Dann schlägt ihn sein Vater nämlich immer.
   _____

   b) In ihrem Dorf sind die Familien sehr arm. Die Eltern verdienen nicht genug, sodass die Kinder Eliza und Sarin häufig hungrig ins Bett gehen müssen.
   _____

   c) Taifun ist erst acht Jahre alt. Jeden Tag muss er im Bergwerk nach Edelsteinen suchen.
   _____

2. Auch bei uns werden Kinderrechte von Erwachsenen missachtet. | 2
   Gib zwei Beispiele an, wie Kinder sich dagegen wehren können.

   a) _____
   _____

   b) _____
   _____

Klassenarbeit Sachunterricht 20
Deutschland und Europa / Kinderrechte

Seite: 91

3. Fülle die Lücken mit den richtigen Wörtern. 4

In Afrika und Asien müssen Kinder auf _____ arbeiten.

Die Kinder _____ die _____ aus

dem Müll, der aus Europa kommt.

Sie verkaufen sie, damit ihre Familien genug zu _____

haben.

Mehrere _____ werden hier verletzt, zum Beispiel das Recht

auf _____ sowie auf _____.

Außerdem wird ihre _____ ausgenutzt.

4. Stelle ein Kinderrecht vor, das für dich das wichtigste ist. Begründe deine Wahl kurz. 3

_____
_____
_____
_____

5. Was weißt du über die Kinderrechte? 3

a) In welchem Land sind die Kinderrechte nicht gültig?

_____

b) Gib an, welche Organisation sich für Kinderrechte einsetzt.

_____

c) Seit wann gelten die Kinderrechte? Nenne die Jahreszahl.

_____

Klassenarbeit Sachunterricht 20
Deutschland und Europa / Kinderrechte

Seite: 92

6. Zeichne in die Deutschlandkarte die Lage der Alpen und die Flüsse Rhein, Main und Donau ein.

| 4 |

7. Male das Bundesland, in dem du lebst, bunt an.

| 2 |

8. Welches sind die vier größten Städte Deutschlands? Kreuze an.

| 2 |

- ☐ München
- ☐ Köln
- ☐ Dresden
- ☐ Stuttgart
- ☐ Dortmund
- ☐ Hamburg
- ☐ Frankfurt am Main
- ☐ Berlin

Bitte kreuze noch an, wie es dir bei der Probe gegangen ist: 😀 🙂 😐 ☹

Du hast _____ von 23 Punkten erreicht.

Klassenarbeit Sachunterricht 21
Deutschland und Europa / Kinderrechte

Seite: 93

Klassenarbeit Sachunterricht 21
Deutschland und Europa / Kinderrechte
Ich habe schon so viel gelernt!

Viel Erfolg!

1. Erkläre an einem Beispiel, wie Kinder auf den Philippinen oder in Ghana durch unseren Müll in ihren Kinderrechten verletzt werden. | 3

_____

_____

_____

2. Erkläre den Begriff „Kinderarbeit". | 3

_____

_____

3. Male die Flaggen mit den richtigen Farben an. | 4

a) Großbritannien

b) Italien

c) Schweden

d) Frankreich

Klassenarbeit Sachunterricht 21
Deutschland und Europa / Kinderrechte

Seite: 94

4. An welche Länder grenzt Deutschland? Nenne vier von ihnen.

_____

_____

_____

_____

2

5. Ordne die Hauptstädte den Bundesländern zu.

| München |
| Hannover |
| Stuttgart |
| Dresden |
| Wiesbaden |
| Erfurt |

| Hessen |
| Baden-Württemberg |
| Sachsen |
| Niedersachsen |
| Bayern |
| Thüringen |

3

6. Nenne die drei Stadtstaaten Deutschlands.

_____

_____

_____

1

7. Schreibe vier europäische Länder auf, die in dieser Klassenarbeit bisher nicht genannt wurden.

_____

_____

_____

_____

2

Klassenarbeit Sachunterricht 21
Deutschland und Europa / Kinderrechte

Seite: 95

8. Fülle die Lücken. 3

Ich wohne in der Stadt/Gemeinde _____,

im Regierungsbezirk _____,

im Bundesland _____,

im Staat _____,

auf dem Kontinent _____,

auf dem Planeten _____.

9. Jedes Land hat seine eigene Kultur. Was macht die Kultur eines Landes aus? Nenne vier Beispiele. 4

_____

_____

_____

_____

Bitte kreuze noch an, wie es dir bei der Probe gegangen ist:

Du hast _____ von 25 Punkten erreicht.

Wichtiges Wissen: Leben am Gewässer

Wasser als Lebensraum für Tiere und Pflanzen

Gewässer wie Meere, Flüsse, Seen und Teiche dienen vielen Tieren als Lebensraum. Welche Tiere im Gewässer leben, sagt etwas über die Qualität des Wassers aus:

Tiere	Wasserqualität
Köcherfliegenlarve, Steinfliegenlarve, Strudelwurm, Hakenkäfer	sauberes Wasser
Posthornschnecke, Schneckenegel, Flussnapfschnecke, Bachflohkrebs, Eintagsfliegenlarve	mäßig verschmutztes Wasser
Rollegel, Wasserassel, Zuckmückenlarve	stark verschmutztes Wasser
Rattenschwanzlarve, Schlammröhrenwurm	sehr stark verschmutztes Wasser

Die vier Lebensbereiche für Tiere am Bach

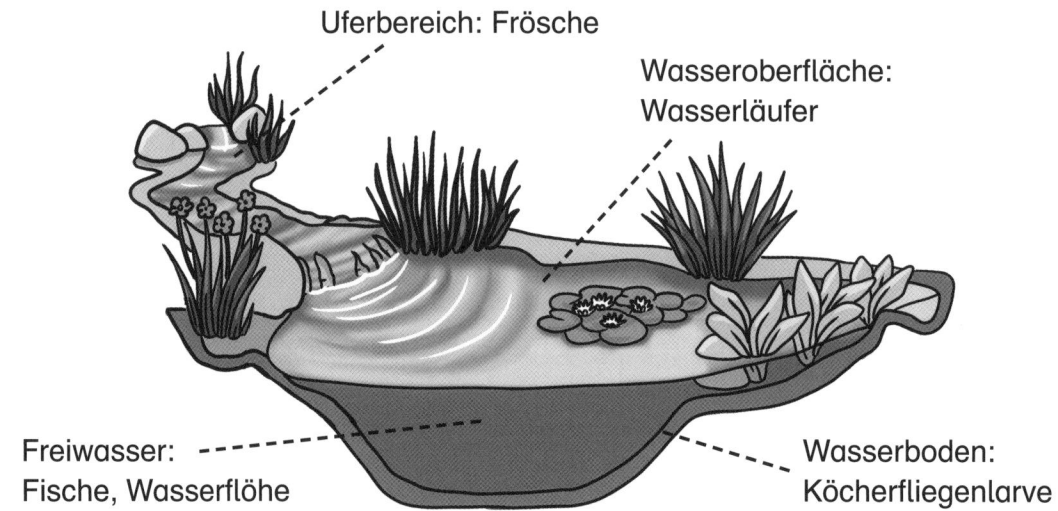

Uferbereich: Frösche
Wasseroberfläche: Wasserläufer
Freiwasser: Fische, Wasserflöhe
Wasserboden: Köcherfliegenlarve

Die Bewegung des Wassers nennt man Strömung.
Tiere und Pflanzen haben ihre speziellen Techniken, gegen die Strömung zu schwimmen oder sich festzuhalten.

Wichtiges Wissen: Leben am Gewässer

Die Bachforelle

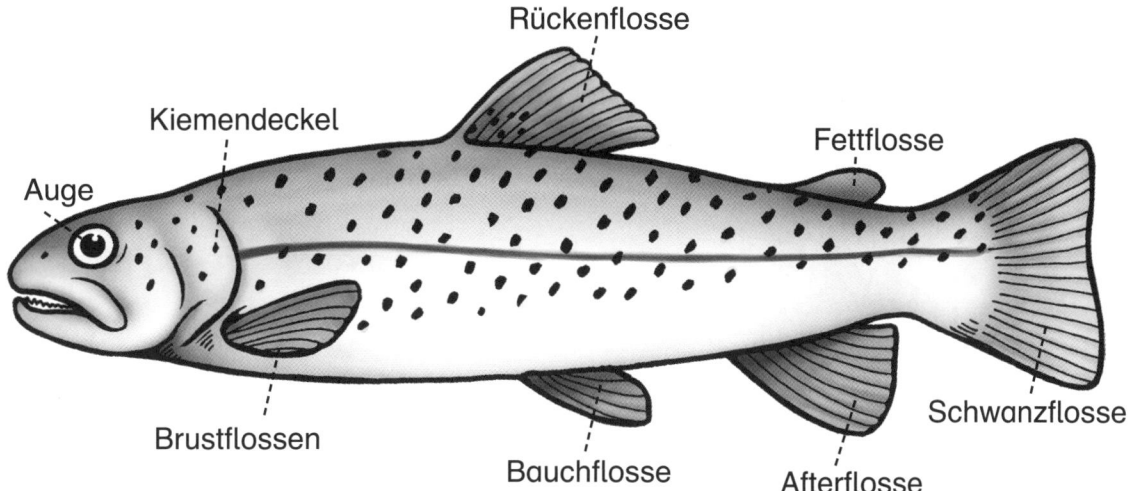

Die Bachforelle findest du an sauerstoffreichen Fließgewässern, in denen es schön kühl ist. Als Standfisch bewohnt sie ein festes Revier. Sie ernährt sich von Insekten und ihren Larven, kleineren Fischen, Kaulquappen und Kleinkrebsen. Sie wird bis zu 40 cm lang. Auf ihrem grünlich-bräunlichen Rücken befinden sich gelbliche, dunkel umrandete Punkte. Zum Laichen schwimmt sie bachaufwärts und kann dabei auch über Hindernisse springen.

Merke!
Unter **Fließgewässern** versteht man alle Gewässer, in denen das Wasser fließt, zum Beispiel Flüsse und Bäche, während Teiche und Tümpel sogenannte **Stillgewässer** sind – das heißt, in ihnen steht das Wasser.

Die Entwicklung vom Ei zum Frosch

Frösche legen den Froschlaich im Wasser ab. Je nach Temperatur schlüpfen die Larven nach wenigen Tagen. Man nennt sie dann Kaulquappen. Sie knabbern mit ihren feinen Hornzähnchen an Pflanzen und Algen. Die Hinterbeine haben sich nach sechs bis acht Wochen ausgebildet. Zwei bis drei Wochen später entwickelt sich die Kaulquappe innerlich zu einem Frosch. Die Vorderbeine kommen zum Vorschein, dafür bildet sich der Schwanz zurück. Die Kiemen verschwinden und die Lunge wird ausgebildet. Einige Tage später ist der Frosch fertig entwickelt und verlässt das Wasser. Je größer der Frosch wird, umso größer kann auch die Beute werden.

Die Feinde des Frosches

Der Laich und die kleinen Kaulquappen werden von Fischen, Käfer- und Libellenlarven, Enten, Reihern, Eisvögeln, größeren Insekten, aber auch von anderen Kröten und Lurchen gefressen. Störche, Eulen, Raubvögel, Krähen, Füchse, Dachse, Igel und Schlangen ernähren sich unter anderem von fertig entwickelten Fröschen und Kröten. Von den hunderten Froscheiern wird ein Großteil bereits als Laich gefressen. Nur wenige Kaulquappen überstehen die Zeit bis zu ihrer vollständigen Verwandlung zum Frosch.

Wichtiges Wissen: Leben am Gewässer — Seite: 98

Die verschiedenen Standorte für Pflanzen am Gewässer

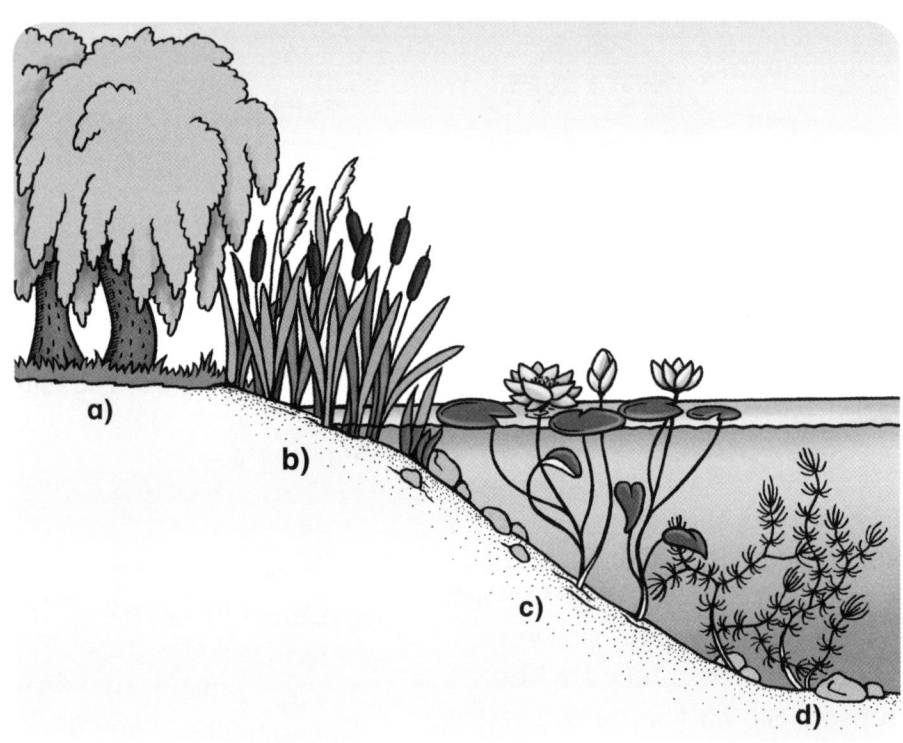

	Randzone (a)	Uferzone (b)	Schwimmzone (c)	Tauchzone (d)
Pflanzen	Weide, Erle	Schilfrohr, Rohrkolben	Wasserlinse, Seerose/ Teichrose	Algen, Wasserpest

Fünf wichtige Regeln zum Schutz des Gewässers
- Leise sein, damit sich die Tiere nicht erschrecken!
- Tiere nicht fangen oder beim Brüten stören!
- Pflanzen nicht ausreißen!
- Keinen Müll hinterlassen!
- Keinerlei Abwässer wie Farben, Öle oder Giftstoffe ins Gewässer leiten!

Der Einfluss des Menschen auf die Gewässer

Durch den Menschen wurden einige Flüsse begradigt, was Hochwasser, Grundwasserabsenkung und Artensterben nach sich zieht. Einige Gebiete werden daher heute wieder renaturiert. Darüber hinaus werden Gewässer geschützt, indem man sie zu Wasserschutzgebieten erklärt. So wird unser Trinkwasser nicht gefährdet.

Klassenarbeit Sachunterricht 22
Leben am Gewässer

Klassenarbeit Sachunterricht 22
Leben am Gewässer
Ich bin gut vorbereitet!

Viel Erfolg!

---

1. Welche Tiere am Gewässer kennst du? Vervollständige die Tabelle. Nenne jeweils zwei Tiere. — **3**

Lebensweise	Tiere
im Wasser	
am Wasser	
an Land und am Wasser	

---

2. Was weißt du über die Bachforelle? Fülle die Lücken richtig. — **4**

Die Bachforelle kommt in sauerstoffreichen _____ vor, in denen eine _____ Temperatur herrscht. Sie bewohnt als _____ ein festes Revier. Als Raubfisch ernährt sie sich von _____ und ihren Larven, kleineren Fischen, _____ und Kleinkrebsen. Die Bachforelle wird bis zu _____ lang. Auf ihrem grünlich-bräunlichen _____ befinden sich gelbliche, dunkel umrandete Punkte. Zum _____ schwimmt sie bachaufwärts und kann dabei auch über Hindernisse springen.

---

3. Was sind Amphibien? Erkläre und nenne zwei Beispiele. — **3**

_____

_____

Klassenarbeit Sachunterricht 22
Leben am Gewässer

Seite: 100

4. Welche Regeln zum Schutz eines Gewässers sind richtig? Streiche Unzutreffendes durch.

a) Ich darf laut schreien, auch wenn ich Tiere dabei erschrecke.

b) Wenn ich am Gewässer ein Picknick veranstalte, sollte ich keinen Müll hinterlassen.

c) Wenn mir eine Pflanze gefällt, darf ich sie ausrupfen und mit nach Hause nehmen.

d) Ich darf keine giftigen Stoffe, Farben oder Öle ins Wasser leiten.

e) An brütende Vögel darf ich ganz nah herangehen, um sie genau zu betrachten.

f) Ich werfe meine Bananenschale als Fischfutter in den See.

3

5. Kennst du dieses Tier?

a) Beschrifte die Zeichnung.

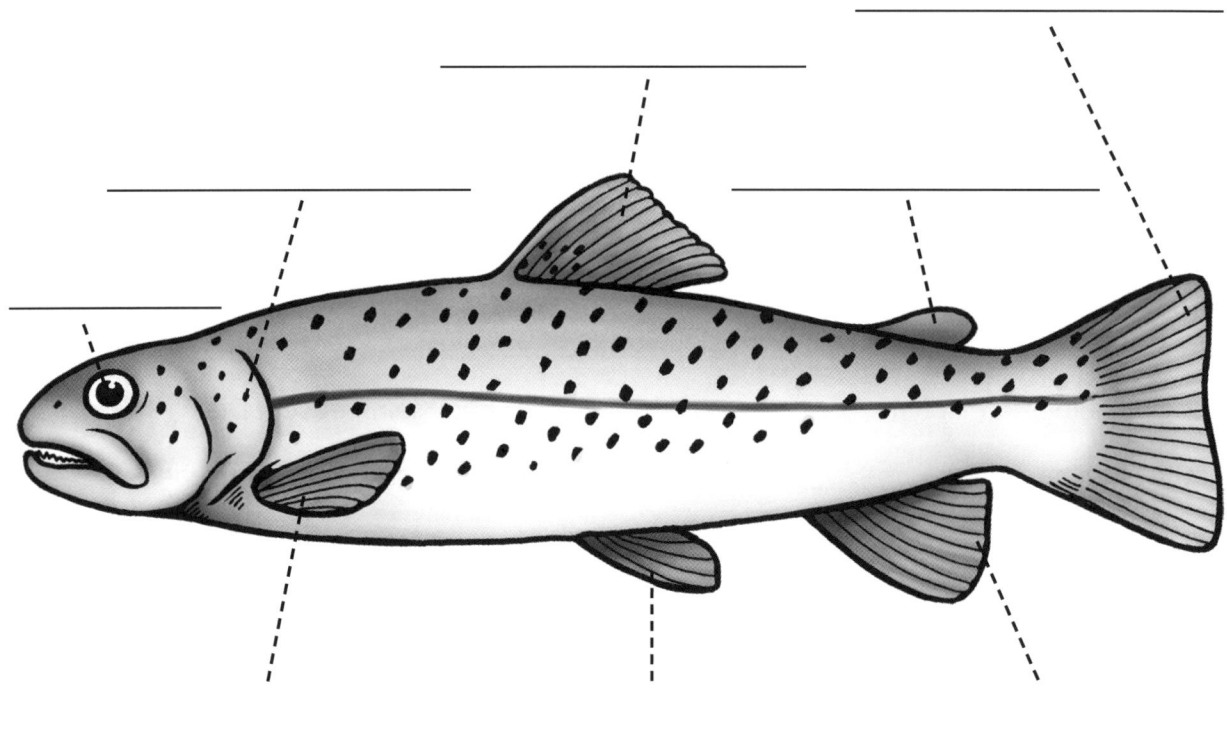

b) Nenne den Namen des Tieres.

4,5

Klassenarbeit Sachunterricht 22
Leben am Gewässer

Seite: 101

6. Was weißt du über den Biber? Kreuze an, ob die Aussagen richtig oder falsch sind. — 3

	richtig	falsch
a) Der Biber wird über einen Meter lang.		
b) Er verfügt über große Schneidezähne, die er zum Fällen von Bäumen benutzt.		
c) Der Biber lebt im Wasser und an Land.		
d) Er nutzt Äste für seinen Burgbau.		
e) Er frisst Fische und Mäuse.		
f) Biber sind die größten Nagetiere Europas.		

7. Zu wem gehören die abgebildeten Füße? — 1,5

_____   _____   _____

8. Der Biber — 4

a) Zeichne die Vorder- und die Hinterpfote des Bibers auf.

b) Welche Funktionen haben Vorder- und Hinterpfoten?

_____
_____

Bitte kreuze noch an, wie es dir bei der Probe gegangen ist:

Du hast _____ von 26 Punkten erreicht.

Klassenarbeit Sachunterricht 23
Leben am Gewässer

Seite: 102

Klassenarbeit Sachunterricht 23
Leben am Gewässer
Ich gebe mein Bestes!

Viel Erfolg!

---

1. Kennst du dich mit den Pflanzen in und an Gewässern aus? Wie heißen die abgebildeten Pflanzen? | 2

a) _____

b) _____

c) _____

d) _____

---

2. Du hast die Aufgabe, einen Steckbrief zur Wasserschwertlilie zu erstellen. Nutze dabei die folgenden Stichwörter und nenne jeweils zwei Merkmale. | 4

Blüte: _____ , _____

Blütenblätter: _____ , _____

Blätter: _____ , _____

Wissenswertes: _____ , _____

Klassenarbeit Sachunterricht 23
Leben am Gewässer

Seite: 103

3. Jeder Teich hat am Ufer verschiedene Bereiche, in denen unterschiedliche Pflanzen wachsen, die sogenannten „Teichzonen". Male diese Bereiche auf und beschrifte sie. | 8

4. Ordne jetzt jeder Zone zwei Pflanzen zu. | 4

Teichzone	Pflanzen

Klassenarbeit Sachunterricht 23
Leben am Gewässer

Seite: 104

5. **Es gibt bestimmte Tiere im Gewässer, die etwas über die Wasserqualität aussagen. Nenne die vier unterschiedlichen Qualitäten von Wasser und gib zu jeder Wasserqualität zwei Tiere an, die dort leben.**

6

Wasserqualität	Tiere

6. **Was versteht man unter einer Renaturierung? Erkläre im ganzen Satz.**

1

_____
_____

7. **Erkläre, warum die Flossen eines Tauchers diese Form haben.**

2

_____
_____

8. **Beschreibe drei Möglichkeiten, wie du ein Gewässer schützen kannst.**

3

_____
_____
_____

Bitte kreuze noch an, wie es dir bei der Probe gegangen ist: 😀 🙂 😐 ☹

Du hast _____ von 32 Punkten erreicht.

Wichtiges Wissen: Entwicklung des Menschen

Auf der Schwelle zum Erwachsenwerden: Die Pubertät

Die Pubertät – so nennt man den Lebensabschnitt, wenn du dich auf der Schwelle vom Kind zum Erwachsenen befindest – bringt geistig wie körperlich viele Veränderungen mit sich. Du wirst selbstständiger und möchtest in vielen Bereichen schon eigene Entscheidungen treffen. Jungen merken das Erwachsenwerden zudem daran, dass sie in den Stimmbruch kommen, die Körperbehaarung allmählich sprießt und die Schultern breiter werden.

Mädchen bekommen die ersten Scham- und Achselhaare, der Busen wächst und das Becken verbreitert sich. Außerdem beginnt die Monatsblutung.

Mädchen kommen ungefähr mit elf Jahren in die Pubertät, Jungen meist erst etwa zwei Jahre später.

Die Geschlechtshormone

Die Veränderungen werden körperlich durch Hormone ausgelöst, die vom Gehirn ausgesendet werden. Das Gehirn schickt sie bei Mädchen an die Eierstöcke und bei Jungen an die Hoden. Das weibliche Geschlechtshormon nennt man Östrogen, das männliche Testosteron.

Bereits ab dem ersten Samenerguss können Jungen übrigens Nachkommen zeugen. Auch Mädchen können bereits ab der ersten Regelblutung schwanger werden.

Wichtiges Wissen: Entwicklung des Menschen

Die Geschlechtsorgane – Schämen gilt nicht!

Wie alle anderen Organe des menschlichen Körpers haben auch die Geschlechtsorgane Namen. So heißen die weiblichen Geschlechtsteile Scheide oder Vagina, die männlichen Geschlechtsteile nennt man Penis oder Glied und Hoden.

Umgangssprachlich existieren aber noch viele weitere Namen. Denn einige Menschen schämen sich, die richtigen Bezeichnungen zu verwenden.

Die weiblichen Geschlechtsorgane:

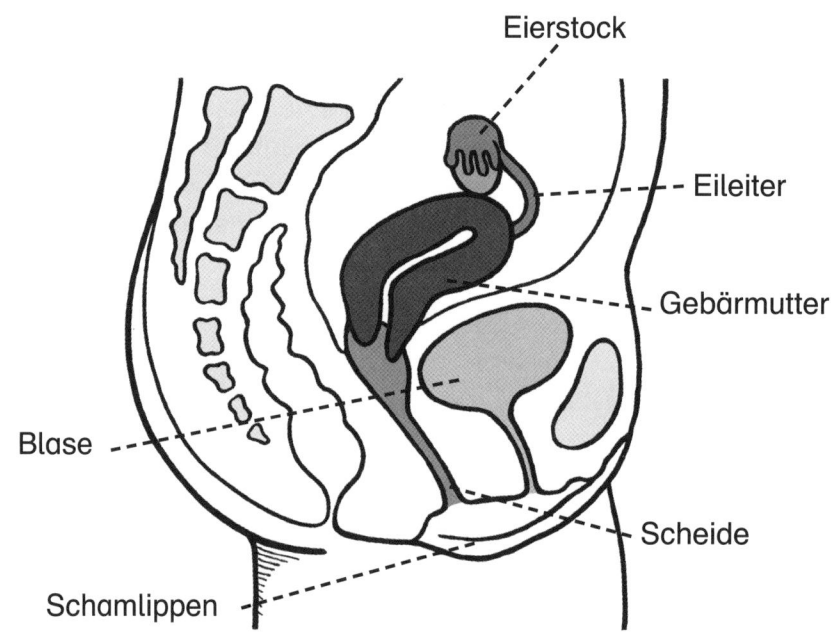

Die männlichen Geschlechtsorgane:

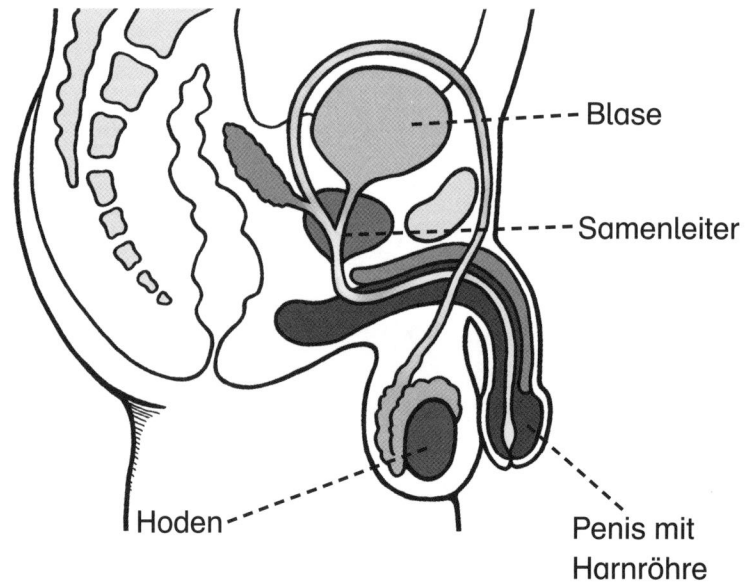

Wichtiges Wissen: Entwicklung des Menschen

Ein Kind wird gezeugt

Bevor ein Kind im Mutterleib entstehen kann, müssen Mann und Frau Geschlechtsverkehr haben.
Dabei befruchtet eine männliche Samenzelle die weibliche Eizelle.

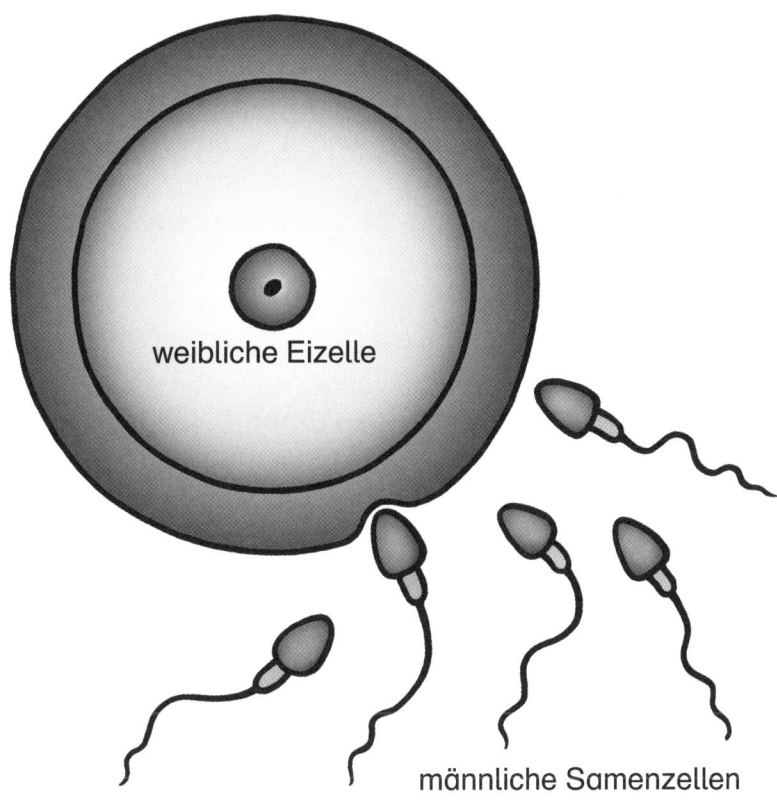

Eine Befruchtung ist nur in einem ganz bestimmten Zeitraum möglich: Er liegt in den zwei Wochen nach der letzten Regelblutung. Wird die Eizelle der Frau nicht befruchtet, so kommt es zwei Wochen später erneut zu einer Regelblutung. Daher ist es ein Zeichen für eine mögliche Schwangerschaft, wenn die Regelblutung ausbleibt.

Schutz vor Schwangerschaften
Es gibt verschiedene Möglichkeiten, sich vor unerwünschten Schwangerschaften zu schützen, beispielsweise die Antibabypille oder das Kondom.

Wichtiges Wissen: Entwicklung des Menschen

Die Schwangerschaft

Eine Schwangerschaft dauert neun Monate.

- Im ersten Monat entwickelt sich bereits das Herz des Embryos. In den nächsten Wochen beginnt es zu schlagen.
- Im zweiten Monat beginnt die Entwicklung der Knochen.
- Nach drei Monaten sind alle Organe vollständig angelegt und das Gesicht hat sich gebildet.
- Im vierten Monat entwickeln sich die Stimmbänder.
- Ab dem fünften Monat kann der Fötus Geräusche wahrnehmen und wiegt nun über 100 Gramm.
- Im sechsten Monat beginnen Haare und Fingernägel zu wachsen.
- Im siebten Monat ist das Baby bereits 30 cm groß und legt nun Tag für Tag an Gewicht zu.
- Im achten Monat wiegt der Fötus bereits über 2000 Gramm.
- Im neunten Monat ist das Kind so weit entwickelt, dass es zur Welt kommen kann.

Bis zum 3. Schwangerschaftsmonat nennt man das ungeborene Kind **Embryo**, danach spricht man von einem **Fötus**.

Ein Neugeborenes wiegt bei der Geburt ca. 3000 Gramm und ist rund 52 cm groß.

Das Kind im Mutterleib:

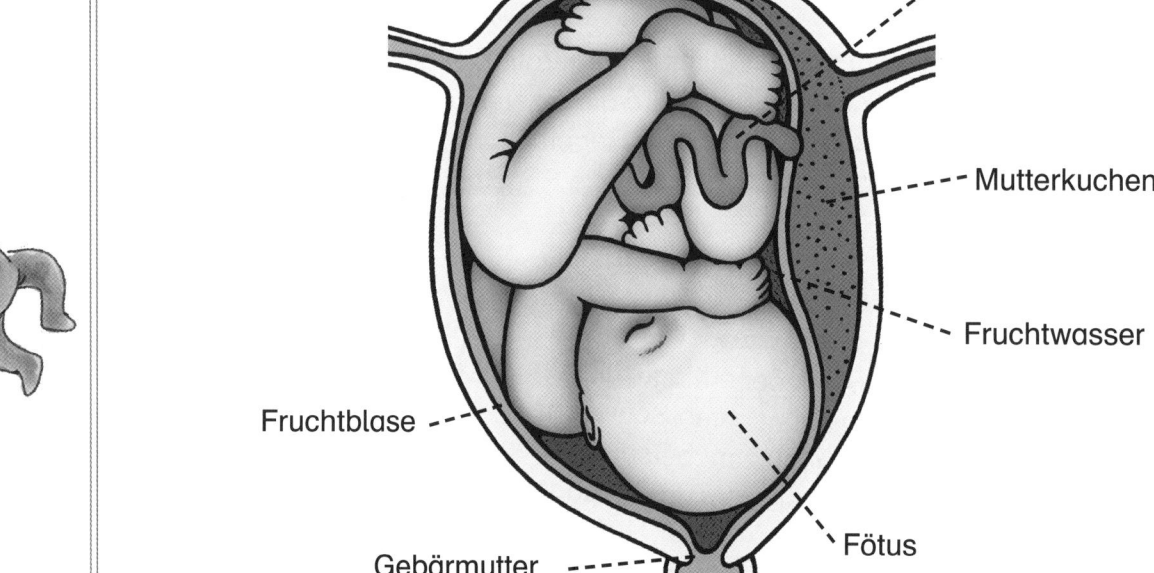

Klassenarbeit Sachunterricht 24
Entwicklung des Menschen

Seite: 109

Klassenarbeit Sachunterricht 24
Entwicklung des Menschen
Ich strenge mich an!

Viel Erfolg!

1. Fülle die Lücken.   4

Die _____ auf der Schwelle vom Kind zum Erwachsenen bringt viele

Veränderungen mit sich. Ein Junge merkt es daran, dass er in den _____

kommt, seine Körperbehaarung sprießt und seine Schultern _____ werden.

Ein Mädchen bemerkt, wie auch der Junge, die ersten _____ und

_____, der Busen wächst und das _____ verbreitet sich.

Außerdem beginnt die _____. In diesem Alter schwitzen Mädchen und

Jungen mehr und der Schweiß _____ jetzt auch unangenehmer.

2. Beschrifte die Zeichnung.   6

Klassenarbeit Sachunterricht 24
Entwicklung des Menschen

Seite: 110

3. Richtig oder falsch? Kreuze an. | 4

	richtig	falsch
a) Die Pubertät ist ein weibliches Geschlechtsmerkmal.		
b) Eine Schwangerschaft dauert 12 Monate.		
c) Ein Kondom schützt vor einer ungewollten Schwangerschaft.		
d) Ein Neugeborenes ist 20 Zentimeter groß.		

4. Wie heißen die Geschlechtshormone von Junge und Mädchen? | 2

beim Jungen: _____

beim Mädchen: _____

5. Was weißt du über die Befruchtung? | 3

a) Beschrifte richtig.

_____

_____

b) Beschreibe die Befruchtung mit eigenen Worten im ganzen Satz.

_____

_____

6. Warum solltest du dich ab der Pubertät öfter waschen? | 2

_____

_____

Bitte kreuze noch an, wie es dir bei der Probe gegangen ist: 😀 🙂 😐 🙁

Du hast _____ von 21 Punkten erreicht.

Klassenarbeit Sachunterricht 25
Entwicklung des Menschen

Seite: 111

Klassenarbeit Sachunterricht 25
Entwicklung des Menschen

Ich habe schon so viel gelernt!

Viel Erfolg!

1. Beschrifte die Zeichnung.   4

_____

_____

_____

_____

2. Welche Namen für die weiblichen und für die männlichen Geschlechtsorgane kennst du? Nenne jeweils zwei.   4

a) weibliche Geschlechtsorgane: _____

_____

_____

b) männliche Geschlechtsorgane: _____

_____

_____

Klassenarbeit Sachunterricht 25
Entwicklung des Menschen

3. Richtig oder falsch? Kreuze an.

	richtig	falsch
a) Die Organe eines Embryos sind im Mutterleib bereits nach drei Monaten vollständig ausgebildet.		
b) Es gibt verschiedene Möglichkeiten, sich vor unerwünschten Schwangerschaften zu schützen.		
c) Ein Neugeborenes wiegt bei seiner Geburt rund 2000 Gramm.		
d) Eine unbefruchtete Eizelle wird nach zwei Monaten ausgeschieden.		

4. Fülle die Lücken.

Bevor ein _____ auf die Welt kommen kann, müssen Mann und Frau _____ haben. Eine _____ ist nur in einem ganz bestimmten Zeitraum möglich. Er liegt in den _____ Wochen nach der letzten Regelblutung. Wird die _____ der Frau nicht befruchtet, so kommt es zwei Wochen später erneut zu einer _____.

Daher ist es ein Zeichen für eine mögliche _____, wenn die Regelblutung ausbleibt.

Ein Besuch beim _____ gibt Gewissheit.

5. Beantworte die folgenden zwei Fragen.

a) Wann kann ein Junge erstmals ein Kind zeugen?

_____

_____

Klassenarbeit Sachunterricht 25
Entwicklung des Menschen

Seite: 113

b) Ab welchem Zeitpunkt ist ein Mädchen dazu in der Lage, schwanger zu werden?

_____

_____

6. Zwillinge

a) Es gibt zwei Arten, wie Zwillinge entstehen können. Beschreibe beide Möglichkeiten.

_____

_____

_____

_____

b) Was ist vor der Geburt (pränatal) bei eineiigen Zwillingen anders als bei zweieiigen Zwillingen?

_____

_____

5

Bitte kreuze noch an, wie es dir bei der Probe gegangen ist: 😃 🙂 😐 ☹️

Du hast _____ von 23 Punkten erreicht.

Klassenarbeit Sachunterricht 26
Entwicklung des Menschen

Klassenarbeit Sachunterricht 26
Entwicklung des Menschen
Ich gebe mein Bestes!

Viel Erfolg!

1. Was weißt du über die Menstruation (Regelblutung)? Fülle die Lücken. [5]

Einmal in _____ Wochen reift eine _____

im Eierstock heran. Sie wandert durch den Eileiter in die _____.

Die Gebärmutterschleimhaut ist in der Zeit der Eireifung und -wanderung dicker

geworden. Sie hat sich mit _____ angereichert. Sobald die

_____ Eizelle eintrifft, nistet sie sich dort ein. Wird die Eizelle

nicht befruchtet, ist die _____ überflüssig. Sie löst sich ab und

tritt durch die _____ nach außen. Frauen können ihre

Unterwäsche vor dem Blut schützen, indem sie _____

oder _____ benutzen. Beides muss man regelmäßig

_____, da es sonst zu Erkrankungen kommen kann.

2. Wie wird ein Kind im Mutterleib versorgt? Beschreibe im ganzen Satz und verwende dabei folgende Begriffe: [3]

Nabelschnur, Nährstoffe, Mutterkuchen

_____

_____

_____

_____

_____

Klassenarbeit Sachunterricht 26
Entwicklung des Menschen

Seite: 115

3. Beschrifte die folgende Zeichnung. 6

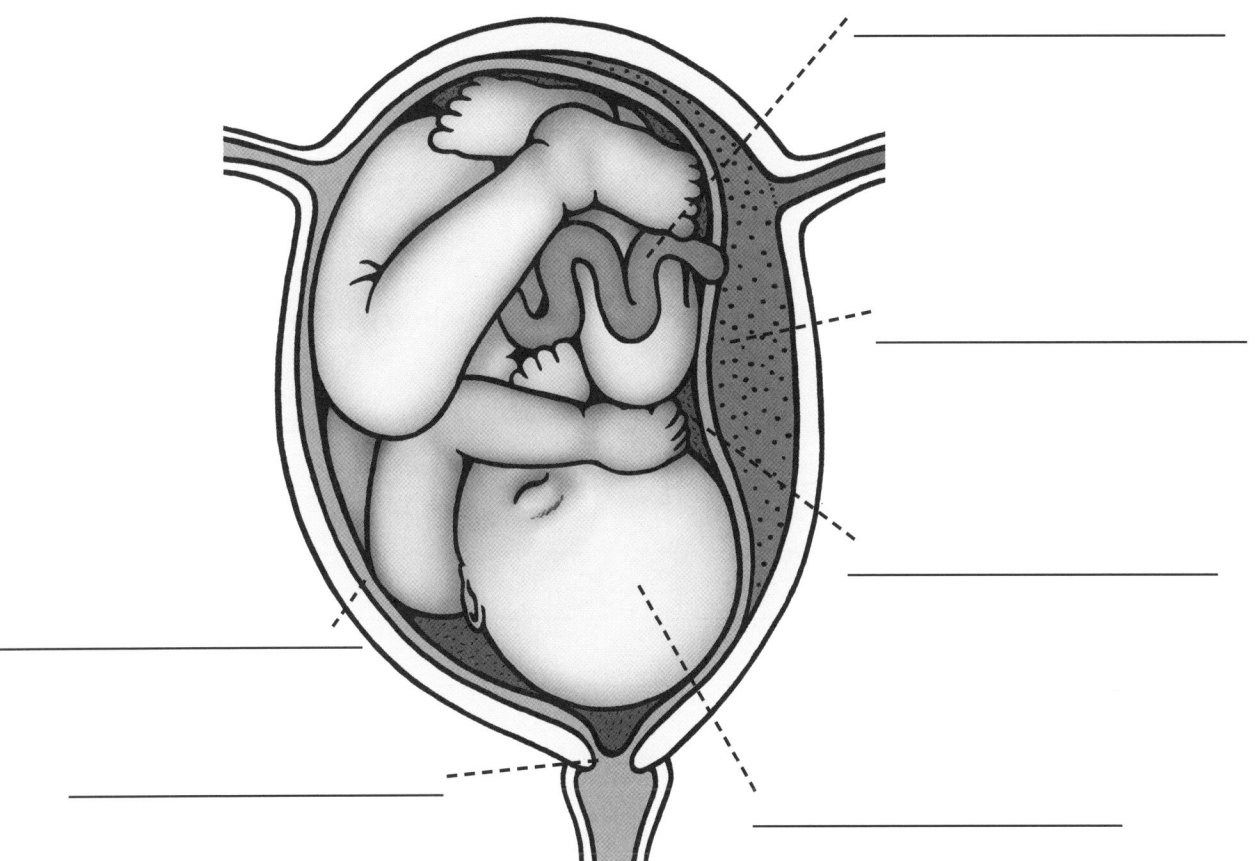

4. Richtig oder falsch? Kreuze an. 2

	richtig	falsch
a) Wehen sind krampfartige Muskelbewegungen der Gebärmutter bei der Geburt.		
b) Das Baby ist in der Gebärmutter von Luft umgeben.		
c) Eine Hebamme versorgt das Kind mit Milch.		
d) Wenn ein Baby durch eine Operation auf die Welt kommt, nennt man das Kaiserschnitt.		

Klassenarbeit Sachunterricht 26
Entwicklung des Menschen

Seite: 116

---

5. **Wie nennt man ein ungeborenes Kind in den unterschiedlichen Entwicklungsstadien? Sortiere in der richtigen Reihenfolge:**

   a) Baby

   b) Zellhaufen

   c) Embryo

   d) Fötus

   Die richtige Reihenfolge lautet: ☐ ☐ ☐ ☐

   | 4 |

---

6. **Schreibe fünf Dinge auf, die in der Pubertät mit dir geschehen werden.**

   _____

   _____

   _____

   _____

   | 5 |

Bitte kreuze noch an, wie es dir bei der Probe gegangen ist: 😀 🙂 😐 🙁

Du hast _____ von 25 Punkten erreicht.

Wichtiges Wissen: Erste Hilfe

Der Kontakt zum Verletzten

Wenn du jemanden versorgst, solltest du mit dieser Person auf gleicher Höhe sein. Das bedeutet, dass du entweder stehst, sitzt oder kniest. Rede mit ihm oder ihr, erkläre ihm oder ihr immer, was du als Nächstes machen wirst. So kannst du auch Veränderungen (Schwindel, Blässe usw.) schnell erkennen.

Diese Grundmaßnahmen solltest du kennen:
1. Hilfe rufen bzw. den Notruf tätigen
2. Ermutigen und trösten
3. Lebenswichtige Funktionen überprüfen
4. Decke unterlegen bzw. zudecken

Da du eventuell mit Blut in Kontakt kommst, musst du Schutzhandschuhe tragen.

Häufige Verletzungen

Eine Wunde entsteht durch eine äußerliche Einwirkung, die die Haut verletzt. Der Schutz der Haut wird unterbrochen und fremde Keime können eindringen. Des Weiteren können auch Organe, Knochen, Nerven und Muskeln verletzt sein. Wenn die Haut nur an der Oberhaut verletzt ist, spricht man von einer Schürfwunde. Aber auch hier könnten große Infektionen die Folge sein.
Du darfst nie die Wunde des anderen berühren, sie nicht auswaschen und auch nicht mit Salben und Hausmittel behandeln, denn dabei könnten Bakterien in die Wunde gelangen.

Gefahr Wundstarrkrampf

Die Erreger des Wundstarrkrampfes sind überall zu finden. Bei diesem Erreger gibt es keine Wundentzündung, sodass die Erkrankung oft unentdeckt bleibt und zum Tod führen kann. Die meisten Kinder haben eine Schutzimpfung dagegen erhalten, die man auch als Erwachsener immer wieder auffrischen sollte.

Fremdkörper in der Wunde

Befindet sich ein Fremdkörper in der Wunde, sollte dieser bei der Ersten Hilfe nicht entfernt werden, da es sonst zu einer vermehrten Blutung kommen kann. Das sollte später beim Arzt oder im Krankenhaus gemacht werden. Bei der Ersten Hilfe wird der Fremdkörper mit weichem Material umgeben und dann verbunden, dass er sich auf keinen Fall weiter in die Wunde hineindrückt.

Wichtiges Wissen: Erste Hilfe

Der Wundschnellverband

Der Wundschnellverband besteht aus einer Wundauflage, die mit einem Heftpflaster verbunden ist. Damit werden kleine Wunden abgedeckt. Es gibt sie in verschiedenen Größen.

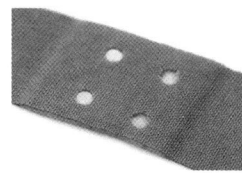

1. Ziehe beide Schutzfolien ab. Berühre dabei das Mullkissen nicht.
2. Lege das Mullkissen auf die Wunde und klebe die Pflasterstreifen an der Haut fest.
3. Behandelst du ein Gelenk oder eine bewegliche Stelle, schneide den Klebestreifen ein und beuge das Gelenk, wenn du ihn aufklebst.

Neben dem Wundschnellverband gibt es auch noch das Heftpflaster. Das ist ein reiner Klebestreifen, mit dem man Verbände fixieren oder befestigen kann.

Der Notruf
Die weltweite Nummer für den Notruf ist die 112. Zuerst meldest du dich mit deinem Namen.
1. Wo ist der Unfallort?
2. Was ist passiert?
3. Wie viele Betroffene gibt es?
4. Welche Verletzungen hast du gesehen?
5. Warten auf Rückfragen.

Der Kopfverband

Für den Kopfverband brauchst du eine keimfreie Wundauflage und ein Dreieckstuch. Der Kopfverband wird in zwei Stufen angelegt:

Stufe 1:

Stufe 2:

Verschiedene Lagerungsmöglichkeiten

Für jede Verletzung gibt es eine besonders geeignete Lagerung:
1. Blutungen und hochroter Kopf: Kopf hoch lagern
2. Bauchschmerzen: Liegen und z.B. Kissen unter die Knie oder Seitenlage
3. Blässe: Liegen und Beine hoch
4. Verdacht auf Knochenbruch: Arm ruhig am Körper halten und kühlen; gebrochenes Bein entlasten und liegen

Stabile Seitenlage

Wenn jemand bewusstlos ist, aber selbst atmet, bringt man ihn immer in die stabile Seitenlage.
1. Ansprechen – anfassen – Bewusstlosigkeit festgestellt – Hilfe rufen/Notruf!
2. Kopf leicht nach hinten beugen, Atmung durch Hören, Sehen und Fühlen überprüfen
3. Person in stabile Seitenlage bringen

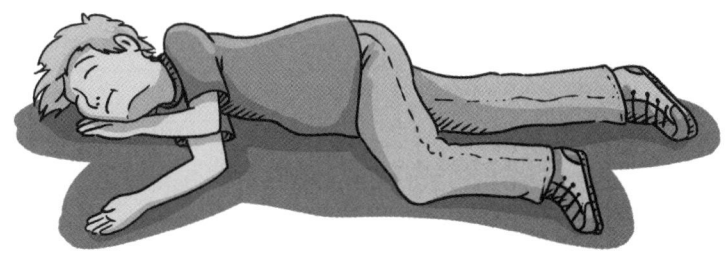

Brandverletzungen

Auch heißes und kochendes Wasser können deine Haut schädigen.
Wichtig ist, das verbrühte Körperteil nur in lauwarmem Wasser zu kühlen.
Wunden werden keimfrei versorgt, Hausmittel sollten in der Ersten Hilfe nicht verwendet werden. Die Wunde wird verbunden und dann wird schnell Hilfe geholt.
Eventuell ist es wichtig, die Füße höher als den Kopf zu lagern.

Klassenarbeit Sachunterricht 27
Erste Hilfe

Ich zeige, was ich kann!

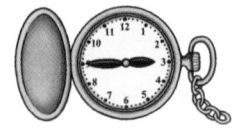

Viel Erfolg!

1. Welche Möglichkeiten hast du, das erlernte Wissen zum Ersthelfer zu trainieren? Nenne zwei von ihnen. — 2

2. Beschreibe, wie du einen Wundschnellverband zuschneiden solltest, wenn du ihn jemandem am Ellbogen aufkleben sollst. — 2

3. Was kannst du beim Spielen beachten, damit sich niemand verletzt? Nenne drei Möglichkeiten. — 3

4. Wie lautet die weltweite Notrufnummer? — 1

5. Warum solltest du eine Wunde nicht auswaschen? — 2

Klassenarbeit Sachunterricht 27
Erste Hilfe

Seite: 121

6. Leni schaukelt mit ihrem Stuhl und fällt unglücklich um. Nun liegt sie da und rührt sich nicht. Was sind die ersten drei Schritte, die du unternehmen solltest? Beschreibe genau.

| 6 |

_____
_____
_____
_____
_____

7. Du bist mit deinem Freund Max auf dem Bolzplatz. Plötzlich hat Max starke Bauchschmerzen. Wie könnte sich Max hinlegen, dass sein Bauch entspannt liegt? Nenne zwei Möglichkeiten.

| 2 |

_____
_____
_____

8. Was kann bei einer Bewusstlosigkeit leicht passieren? Und was kann man tun, um das zu verhindern?

| 3 |

_____
_____
_____
_____

Bitte kreuze noch an, wie es dir bei der Probe gegangen ist:

Du hast _____ von 21 Punkten erreicht.

Klassenarbeit Sachunterricht 28
Erste Hilfe

Ich lasse mich nicht ablenken!

Viel Erfolg!

---

1. Beschreibe die einzelnen Schritte, wie man einen Fingerkuppenverband anlegt. — 5

_____
_____
_____

2. Was sind die ersten beiden wichtigen Schritte, die du als Ersthelfer oder Ersthelferin tun musst? — 2

_____
_____

3. Bei der stabilen Seitenlage musst du besonders auf Folgendes achten: — 3

beim Kopf:
_____

beim Gesicht:
_____

beim Mund:
_____

4. Wie kannst du Unfälle beim Kochen und Backen vermeiden? Nenne drei Beispiele. — 3

_____
_____
_____

Klassenarbeit Sachunterricht 28
Erste Hilfe

Seite: 123

5. Welche der genannten Zustände sind *keine* absoluten Notfälle? Kreuze an. — 2

☐ Gehirnerschütterung
☐ eingerissener Fingernagel
☐ Vergiftung
☐ Bewusstlosigkeit
☐ Halsweh

6. Warum hilft ein Kühlbeutel bei vielen Verletzungen? Erkläre an zwei Beispielen. — 2

_____
_____
_____
_____

7. Wie stellst du fest, ob jemand noch atmet? Beschreibe genau. — 6

_____
_____
_____
_____

8. Melanie war zu lange in der Sonne und hat einen hochroten Kopf. Wie kannst du ihr helfen? Nenne drei Hilfsmaßnahmen. — 3

_____
_____
_____

Bitte kreuze noch an, wie es dir bei der Probe gegangen ist: 😃 🙂 😐 ☹

Du hast _____ von 26 Punkten erreicht.

Klassenarbeit Sachunterricht 29
Erste Hilfe

Klassenarbeit Sachunterricht 29
Erste Hilfe
Ich zeige, was ich kann!

Viel Erfolg!

---

1. Die Kinder der 4d haben voller Eifer einen Fingerkuppenverband angelegt. Aber haben sie dabei auch auf die richtige Reihenfolge der Arbeitsschritte geachtet? Korrigiere.   3,5

- ☐ untere Klebefläche anliegend aufgeklebt
- ☐ oberer Teil anliegend umgeschlagen
- ☐ pflaster eingeschnitten
- ☐ restliche beide Klebeflächen eng anliegend aufgeklebt
- ☐ Fingerkuppenseite liegt auf Pflaster, Fingerkuppe an der Dreiecksspitze.
- ☐ richtigen Wundschnellverband ausgewählt
- ☐ Schutzauflage entfernt, ohne Wundauflage zu berühren

---

2. Nenne die vier wichtigen Grundmaßnahmen, die man bei jedem Einsatz als Ersthelfer durchführen muss.   4

_____

_____

_____

_____

---

3. Beschrifte die Hand mit den wichtigen fünf W-Wörtern bei einem Notruf.   5

Klassenarbeit Sachunterricht 29
Erste Hilfe

Seite: 125

4. Welche drei Dinge darfst du bei der Behandlung von Brandwunden niemals tun?	3
5. Warum darf ich als Ersthelfer keinen Fremdkörper aus der Wunde entfernen?	2
6. Welche drei Situationen kennst du, bei denen du dir eine Kopfverletzung zuziehen könntest?	3
7. Theresa springt über einen Stuhl und stößt dabei unglücklich gegen einen Schrank. Sie hat große Schmerzen im Arm. Was ist zu tun?	4
8. Warum sollte man sich vor einem Fußballspiel oder einem Tanzauftritt aufwärmen?	2

Bitte kreuze noch an, wie es dir bei der Probe gegangen ist:

Du hast _____ von 26,5 Punkten erreicht.

Klassenarbeit Sachunterricht 30
Erste Hilfe

Ich habe schon so viel gelernt!

Viel Erfolg!

1. Welche Aussagen sind richtig? Kreuze an. | 2

- ☐ Ich muss den Wundschnellverband immer an der Mullbinde halten.
- ☐ Einen Fremdkörper darf ich nicht aus der Wunde entfernen.
- ☐ Der erste Schritt als Ersthelfer/in ist Hilfe zu holen (auch in Form eines Notrufs).
- ☐ Wenn etwas blutet, verwende ich Skihandschuhe.

2. Was bedeutet für eine Ersthelferin / einen Ersthelfer „H E L D"? | 2

_____

_____

_____

**3. Dein Vater sagt vorwurfsvoll zu dir: „Dieser Unfall hätte sich vermeiden lassen."
Was meint er damit? Erkläre an einem Beispiel.** | 2

_____

_____

_____

**4. Maria, Jakob und Peter haben sich verletzt. Du setzt einen Notruf ab.
Welche Angaben sind bei diesem Notruf wichtig? Kreuze an.** | 3

- ☐ Mein Teddybär hat einen Arm verloren.
- ☐ Maria liegt am Spielplatz in der Valentinstraße 4 neben der Schaukel.
- ☐ Jakob, Peter und Maria haben sich verletzt.
- ☐ Peter hat seinen Lieblingspulli an und der hat nun einen Riss.
- ☐ Jakob blutet an der Stirn.
- ☐ Peter ist geschaukelt und Jakob und Marie sind dahinter vorbeigelaufen.

Klassenarbeit Sachunterricht 30
Erste Hilfe

Seite: 127

5. Sarah und Paul spielen im Garten fangen. Da läuft Paul gegen die offene Hüttentür. Er hat eine Wunde am Kopf und ihm ist schwindelig. Was ist zu tun? | 5

_____

6. Was tust du, wenn du einen Notruf tätigst und schon alle wichtigen Informationen weitergegeben hast? | 1

_____

7. Felix und Lukas spielen Ball. Leider trifft der Ball Felix' Nase. Er bekommt Nasenbluten. Wie kann Lukas ihm helfen? | 3

_____

Bitte kreuze noch an, wie es dir bei der Probe gegangen ist: 😃 🙂 😐 ☹️

Du hast _____ von 18 Punkten erreicht.

Bildnachweis

Claudia Bichler: S. 14 (Sonne), 26 (Zucker), 31 (Zucker), 35 (LKW), 41 (LKW), 73 (Fahrrad), 83 (Kinder oben), 84 (Junge am Laptop), 90 (Kinder), 99, 105 (Kinder unten), 114 (Mädchen), 121, 123, 127

Julia Gerigk: S. 13, 20, 23, 25 (Röhren), 28 (Getreide), 38, 39 (Getreide), 96 (Teich), 98, 101, 104, 118 (Bilder zum Kopfverband, Mädchen bekommt Pflaster), 119 (stabile Seitenlage), 124 (Hand)

Horst Gebhardt: S. 44 (Reisepass)

Anja Imke: S. 3, 4, 5, 6, 7, 8, 9, 10 (Wolke, Schneeflocke, Bodenschichten), 11, 12 (Gießkanne, Tropfen), 14 (Wolken, Wäscheleinen, Robbe), 15, 16 (Wolke), 17, 18, 21, 22, 24, 25 (Brille, Schneeflocke), 26 (Lebensmittelkorb, Kartoffeln, Salz), 27 (Kuh, Milch), 28 (Brot), 30, 31 (Mädchen, Baumstamm), 32, 33, 34, 35 (Äpfel), 36, 37, 40 (Blume), 41 (Baumstamm), 43 (Mann), 44 (Dame am Schreibtisch, Ordner), 45, 47, 48, 50, 51, 52, 53, 56 (modernes Fahrrad), 57 (Ampel, Hütchen), 58 (Sonne und Wolken, Fahrrad), 61, 62, 64, 65, 67, 68 (Hubschrauber), 69 (Ampel), 70, 72 (Auto), 74, 76, 78, 81 (Big Ben, Eiffelturm, Kolosseum), 82, 83 (Schultasche), 84 (Kompass), 85, 86, 87, 88, 90 (Puppe), 93, 94 (Leuchtturm), 96 (Grasbüschel, Schmetterlinge), 97, 100, 102, 105 (Vater misst Tochter), 106, 107 (Eizelle wird befruchtet), 108 (Kind im Mutterleib), 109, 110, 111, 114 (Wecker), 126, 127, 120, 122, 124 (Stethoskop), 126

Gerlinde Keller: S. 43 (Stadt), 56 (Draisine, Hochrad, Kelle, Polizist), 59 (Ampel), 60 (Mädchen mit Helm, Fahrrad, Kette), 63, 66, 68 (Verkehrszeichen), 69 (Polizist), 73 (Fußgängerweg), 83 (Schulszene), 107 (Mutter mit Zwillingen), 108 (Baby), 112

Kathleen Richter: S. 27 (Molkereiszenen), 29, 108 (Ärztin), 113

Doris Weigl: S. 56 (Verkehrszeichen), 73 (getrennter Rad- und Fußweg), 75 (Stoppschild), 78

adobe.stock.com: bilderzwerg: S. 12 (Schild), bilderzwerg: S. 20 (Schild), fotohansel: S. 81 (Deutschlandkarte), Tristan 3D: S. 92 (Deutschlandkarte blanko), Tristan 3D: S. 94 (Deutschlandkarte blanko), sanchesnet!: 57 (Verkehrszeichen), sanchesnet!: 58 (Verkehrszeichen), Sven Krautwald: 60 (Toter Winkel), sanchesnet!: 72 (Verkehrszeichen), sanchesnet!: 73 (Verbot für Fahrräder), sanchesnet!: 75 (Verkehrszeichen außer Stopp), top wektorel: S. 104, taddle: 118 (Pflaster), womne: 118 (Tape und Schere)

shutterstock.com: Jakinnboaz: S. 10 (Teilchenmodell), Jakinnboaz: S. 16 (Teilchenmodell), GromovPro: S. 80, GromovPro: S. 81

Fairtrade Deutschland (TransFair e. V.): S. 40

Klassenarbeiten
Sachunterricht

circon

Inhaltsverzeichnis

Das Wasser 3

Klassenarbeit Sachunterricht 1 3
Klassenarbeit Sachunterricht 2 4
Klassenarbeit Sachunterricht 3 5
Klassenarbeit Sachunterricht 4 5

Rohstoffe und industrielle Fertigung 6

Klassenarbeit Sachunterricht 5 6
Klassenarbeit Sachunterricht 6 7
Klassenarbeit Sachunterricht 7 8
Klassenarbeit Sachunterricht 8 9

Die Gemeinde 10

Klassenarbeit Sachunterricht 9 10
Klassenarbeit Sachunterricht 10 11
Klassenarbeit Sachunterricht 11 12
Klassenarbeit Sachunterricht 12 12

Verkehrserziehung 13

Klassenarbeit Sachunterricht 13 13
Klassenarbeit Sachunterricht 14 14
Klassenarbeit Sachunterricht 15 15
Klassenarbeit Sachunterricht 16 16
Klassenarbeit Sachunterricht 17 17

Deutschland und Europa / Kinderrechte .. 18

Klassenarbeit Sachunterricht 18 18
Klassenarbeit Sachunterricht 19 19
Klassenarbeit Sachunterricht 20 20
Klassenarbeit Sachunterricht 21 21

Leben am Gewässer 23

Klassenarbeit Sachunterricht 22 23
Klassenarbeit Sachunterricht 23 24

Entwicklung des Menschen 26

Klassenarbeit Sachunterricht 24 26
Klassenarbeit Sachunterricht 25 27
Klassenarbeit Sachunterricht 26 28

Erste Hilfe 29

Klassenarbeit Sachunterricht 27 29
Klassenarbeit Sachunterricht 28 29
Klassenarbeit Sachunterricht 29 30
Klassenarbeit Sachunterricht 30 31

Notenschlüssel 32

Klassenarbeit Sachunterricht 1
Das Wasser

1. **a)** Freitag
   b) Die Sonne sorgt für Wärme, wodurch das Wasser schneller verdunstet. Diesen Wasserdampf transportiert der Wind wiederum schneller von der Wäsche weg.

2.

3. **a)** richtig; **b)** falsch; **c)** falsch; **d)** richtig; **e)** falsch; **f)** falsch

4.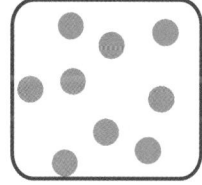

   a) fest   **b)** flüssig   **c)** gasförmig

5. **a)** Regen; **b)** Schnee; **c)** Raureif; **d)** Hagel; **e)** Tau; **f)** Nebel

6. **a)** Humus/Erde; **b)** Sand; **c)** Kies; **d)** Lehm/Ton

7. Mögliche Lösungen:
   Wasserhähne immer zudrehen; Waschmaschine immer voll beladen; Geschirrspüler erst anstellen, wenn die Maschine voll ist; besser kurz duschen als baden; Regenwasser zum Gießen verwenden

8. Mögliche Begründungen:
   Obst und Gemüse, das bei uns wächst, benötigt keine langen Transportwege. Es kann vor der Ernte voll reifen und dann sofort verkauft werden (Es kommt nicht in unreiferen Zustand an). Es behält durch die kurzen Wegen seine Inhaltsstoffe. Außerdem wird in vielen wasserarmen Ländern Obst und Gemüse ohne Rücksicht auf Menschen, Pflanzen- und Tierwelt angebaut. Und der Wasserverbrauch ist dort durch die dauernde künstliche Bewässerung sehr hoch.

Klassenarbeit Sachunterricht 2
Das Wasser

1. Das Wasser in unseren Seen wird von der Sonne erwärmt. Dadurch **verdunstet** es und unsichtbare Wasserteilchen **steigen** mit der Luft nach **oben**. In kälteren **Luftschichten** kühlen sie ab und **kondensieren** zu Wassertröpfchen. Es bilden sich **Wolken**. Nehmen sie noch mehr Wasser auf, werden sie immer **schwerer** und es beginnt zu **regnen**.

2. Die Wasserteilchen verdunsten durch die Wärme. Sie gehen in einen gasförmigen Zustand über und steigen in die Luft auf. Wenn die Haare trocken sind, sind alle Wasserteilchen aus den Haaren in die Luft übergegangen.

3. Du musst zwei von diesen drei Schichten genannt haben: Humus/Erde, Kies, Sand

4. Regentropfen versickern im Erdreich, bis sie auf eine wasserundurchlässige Schicht stoßen. Das sich dort sammelnde Wasser nennt man Grundwasser.

5. a) falsch; b) richtig; c) falsch; d) richtig; e) falsch; f) richtig

6.
verdunsten	verdampfen
1, 3	2, 4, 5

7. a)

b) Eis   Wasser   Wasserdampf

8.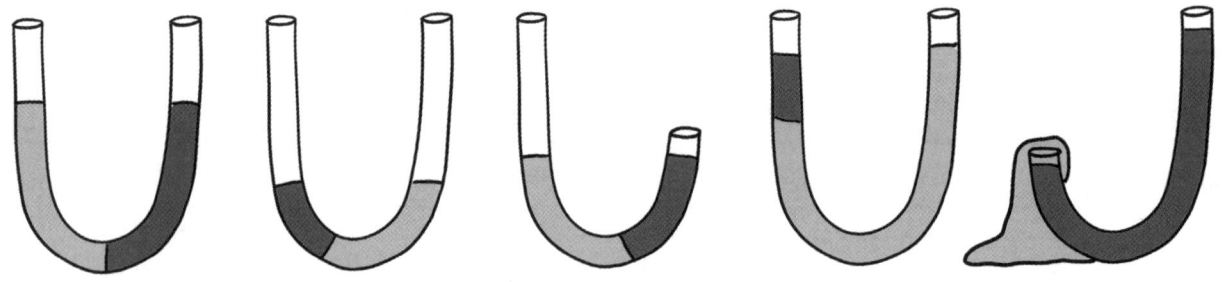

9. Dieses Schild weist auf ein Wasserschutzgebiet hin, in dem man keinen Schutt, keine Abfallstoffe und keine wassergefährdenden Stoffe ablagern darf. Auch Gülle oder Klärschlamm dürfen hier nicht entsorgt werden. Außerdem dürfen hier keine Pflanzen- und Schädlingsbekämpfungsmittel angewandt werden, und es ist keine Massentierhaltung oder das Errichten von Kläranlagen erlaubt.

10. Der Zugang zu sauberem Trinkwasser ist ein Menschenrecht. Es sollte von einer zentralen Stelle gesichert und geregelt sein, die keine eigenen finanziellen Interessen verfolgt, wie das bei Firmen der Fall wäre. Im Hinblick auf das Trinkwasser sollte immer im Sinne der Menschen, Tiere und Pflanzen gehandelt werden und nicht im Sinne einer einzelnen Firma und deren Führungspersonals.

Klassenarbeit Sachunterricht 3
Das Wasser

1. Die richtige Reihenfolge lautet: c, a, d, b, e

2. Regen, ~~Sand~~, Eis, Bach, ~~Wind~~, Dampf, ~~Strom~~

3.
- a) Schnee
- b) Regen
- c) Tau
- d) Hagel
- e) Nebel

4.
- a) Der Regen versickert im Boden.
- b) Zwei Drittel (66%) der Erde sind mit Wasser bedeckt.
- c) Im Sommer schneit es nicht, weil die oberen Luftschichten zu warm sind, als dass Wasserdampf zu Schnee werden könnte.

5.
- a) richtig
- b) falsch
- c) falsch
- d) richtig
- e) richtig
- f) falsch

6.

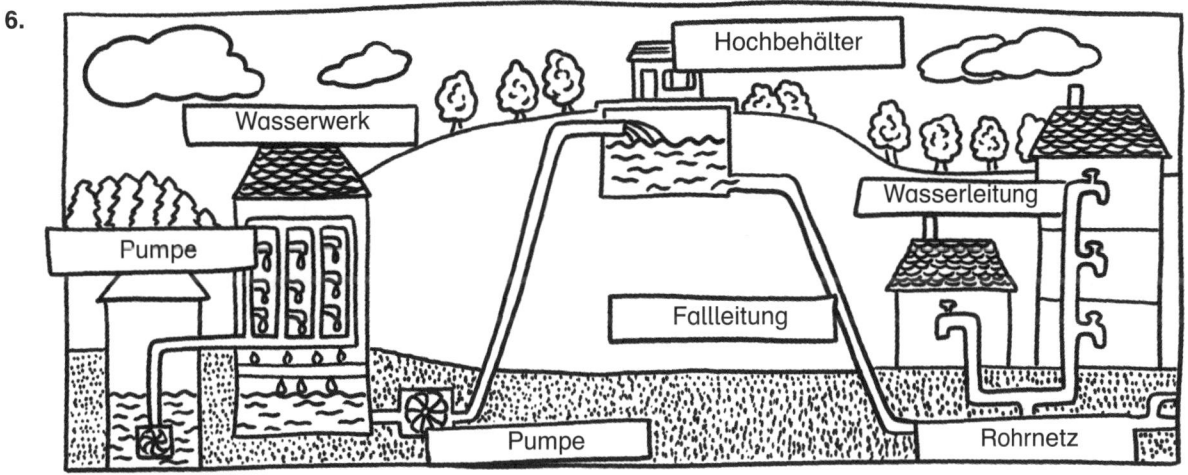

7. Die Taucherbrille ist von innen beschlagen. Die Luft in der Taucherbrille ist wärmer als das Wasser, das sie nun umgibt. Die Luft in der Brille kühlt dann ab und gibt Wasserteilchen ab. Diese schlagen sich an der Innenseite der Taucherbrille nieder, dort kondensieren die Wasserteilchen.

Klassenarbeit Sachunterricht 4
Das Wasser

1. Unsere Erde besteht zu zwei Dritteln aus Wasser. Der Name „Erde" lässt uns hingegen vermuten, sie würde zum Großteil aus Erde oder anderem festen Material bestehen.

2. Die Temperatur verändert die Zustandsform des Wassers. Wenn man Eis erhitzt, schmilzt es und wird zu Wasser. Wenn man Wasser erhitzt, verdampft es und wird zu Wasserdampf. Wenn man Wasserdampf abkühlt, kondensieren die Wasserteilchen und werden flüssig, wenn man sie noch weiter abkühlt, gefrieren sie.

Klassenarbeit Sachunterricht 4
Das Wasser

3. Mögliche Antworten:
   Ich gehe nicht frisch eingecremt ins Wasser.
   Ich schütte keine giftigen Lösungen ins Wasser.
   Ich werfe keinen Müll ins oder ans Wasser.

4. Pumpen holen Grundwasser tief aus der Erde und bringen es über Rohre in das Wasserwerk. Von dort wird es in einen Hochbehälter gepumpt. Über Fallleitungen fließt das Wasser über viele einzelne Rohre, das Rohrnetz, in die Häuser. Stehen Häuser höher als der Hochbehälter, muss das Wasser auch hier nach oben gepumpt werden.

5. Beim Kochen wird das Wasser auf 100° C erhitzt und es geht in Wasserdampf über. Wenn Peter beim Kochen seine Brille trägt, schlägt sich der Wasserdampf an den kühlen Brillengläsern nieder. Der Wasserdampf kondensiert an Peters Brillengläsern.

6. a) falsch
   b) falsch
   c) richtig
   d) richtig

7. Sinkt die Temperatur unter 0° C, lagern sich die Wasserteilchen sofort als feine Kristalle z. B. um ein Staubkorn und wachsen zusammen. Es entstehen große Eiskristalle, die als Schneeflocken zur Erde fallen. Dazu müssen allerdings die Temperaturen auch unter der Wolke kühl sein.

8. Du musst die zweite und die vierte Röhre eingekreist haben.

Klassenarbeit Sachunterricht 5
Rohstoffe und industrielle Fertigung

1. Mögliche Lösungen: Holz, Kohle, Erz, Milch, Zuckerrüben, Steinsalz

2. Zucker kannst du aus **Zuckerrüben** selbst herstellen. Zunächst werden sie **gewaschen**. Anschließend schneidest du sie in kleine Stückchen. Beim Kochen siebst du den **Zuckerrübensaft** ab. Unter ständigem Rühren kochst du daraus **Sirup**.
   Beim Trocknen des **Sirups** entsteht eine feste **Masse**, die sich **reiben** lässt. Fertig ist der **Zucker**!

3. a) Ausgangsstoff: Getreidekörner
      Rohstoff: Mehl (selbstgemahlen)
      Inhaltsstoffe: Mehl, Wasser, Salz, Hefe oder Sauerteig
      Arbeit: mischen und kneten mit dem Handrührgerät oder von Hand
      Zeitaufwand: eine halbe Stunde pro Brot
      Energieverbrauch: hoch, da nur ein oder zwei Brote in einem Ofen gebacken werden können
      Lagerung: bei Zimmertemperatur; vor dem Austrocknen schützen
   b) Ausgangsstoff: Getreidekörner
      Rohstoff: Mehl aus Großmühlen
      Inhaltsstoffe: behandeltes und gereinigtes Mehl, Wasser, Salz, viele Zusatzstoffe
      Arbeit: mischen, kneten und formen mit Maschinen
      Zeitaufwand: viele Brote pro Stunde
      Energieverbrauch: weniger Energieaufwand pro Brot durch große Öfen, in denen viele Brote gleichzeitig gebacken werden können
      Lagerung: rohe Teiglinge werden kühl gelagert, Brote verkauft

Klassenarbeit Sachunterricht 5
Rohstoffe und industrielle Fertigung

4. Mögliche Lösung: Ich weiß, welche Inhaltsstoffe mein Brot hat. Ich habe nur einen kurzen Transportweg für die Zutaten und das fertige Brot.

5.
- Die Kuh wird gemolken und die Milch in die Molkerei geliefert.
- Die Milch wird auf Reinheit, Frische und Anzahl der Keime untersucht.
- Die Milch wird entrahmt.
- Die Milch wird zum Entkeimen erhitzt.
- Die Milch wird auf 5° C abgekühlt.
- Schließlich wird die Milch abgefüllt, verpackt und verkauft.

6.

	Beispiel	Beispiel	Beispiel
Rohstoff	Milch	Apfel	Steinsalz
Fabrik	Molkerei	Saftkelterei	Saline
Produkt	Butter	Apfelsaft	Kochsalz

7.

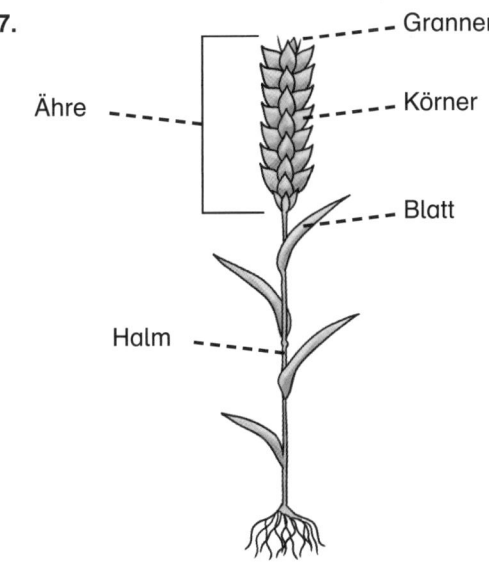

Das ist eine Weizenpflanze.

Klassenarbeit Sachunterricht 6
Rohstoffe und industrielle Fertigung

1. c) etwas wiederverwerten

2.
a) Baumwolle
b) Weintrauben
c) Silbererz
d) Mehl
e) Wolle
f) Äpfel

3. Die richtige Reihenfolge lautet: c, f, a, h, b, e, d, g

Klassenarbeit Sachunterricht 6
Rohstoffe und industrielle Fertigung

4. a) Energie- und Arbeitskosten
b) Kosten für die Äpfel
c) Transportkosten
d) Verpackungskosten

5. a) Äpfel
b) Flaschen
c) Schraubverschlüsse
d) Etiketten

6. c) Die Rohmilch wird zu <u>Magermilch und Rahm</u>.

7. Mögliche Lösung:
a) – Menschen aus der Umgebung bekommen einen Arbeitsplatz in ihrer Nähe.
– Man braucht zum Einkaufen nicht unbedingt das Auto.
b) – Das Sortiment ist größer.
– Die Preise sind niedriger.

Klassenarbeit Sachunterricht 7
Rohstoffe und industrielle Fertigung

1. – **Abbau** von **Steinsalz** im Bergwerk
– **Zerkleinerung** und Reinigung
– Trennung des Salzes vom Gestein durch Zugabe von **Wasser**
– **Lösen** des Salzes im Wasser durch Rühren
– Wasserunlösliche Stoffe wie **Ton** und **Kalk** filtert man heraus.
– **Verdampfen** des Wassers durch **Erhitzen**, übrig bleibt das **Kochsalz**.

2. a) Nennenswertes Rohstoffvorkommen und passendes Gelände
b) Vorhandene Verkehrsanbindung für den Transport von Gütern (eventuell Flussanbindung mit Hafen)
c) Absatzmarkt (= Menschen, die das Produkt kaufen) in der Nähe
d) Arbeitskräfte vor Ort

3. Die richtige Reihenfolge lautet: i, e, d, b, j, a, f, g, l, c, k, h

4.

Roggen

Gerste

Weizen

Hafer

Klassenarbeit Sachunterricht 7
Rohstoffe und industrielle Fertigung

5.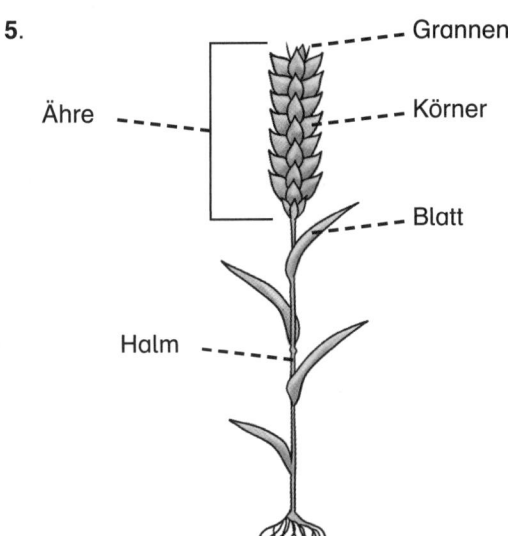

Grannen
Körner
Ähre
Blatt
Halm

6. a) Der „blaue Engel" ist ein Umweltzeichen und garantiert, dass die Dinge, die ich kaufe, in Bezug auf Umwelt-, Gesundheits- und Gebrauchseigenschaften hohe Ansprüche erfüllen. Dies wird alle drei bis vier Jahre überprüft.
   b) Die Produkte, die das Symbol „blauer Engel" tragen, sind umweltfreundlich hergestellt worden, und ich kann sie auch umweltfreundlich entsorgen.

7. Mögliche Antworten:
   – Leonie kauft erst wieder Äpfel, wenn sie in ihrem Geschäft unverpackt angeboten werden.
   – Sie kauft Äpfel nur noch auf dem Markt ein.
   – Leonie kauft Äpfel in einem Geschäft ein, in dem sie unverpackt angeboten werden.

Klassenarbeit Sachunterricht 8
Rohstoffe und industrielle Fertigung

1. Mögliche Antwort: Beim Weißmehl wurden vorher Schale und Keim entfernt. Nur noch der Mehlkörper wird fein zu Mehl gemahlen.

2. a) Es ist das Zeichen für Fairtrade.
   b) Mögliche Lösungen:
   – Kleinbauern erhalten einen garantiert kostendeckenden Preis für ihre Waren.
   – Dieses Symbol verbietet Kinderarbeit.
   – Es verbietet Diskriminierung.
   – Es fordert einen umweltschonenden Anbau.
   – Es verbietet einen gentechnisch veränderten Anbau.
   – Es verbietet gefährliche Pestizide.

3. In diesen Läden werden die Waren ohne Plastikverpackung oder einfach so angeboten. Man bringt z. B. ein eigenes Gefäß mit und füllt die Ware dort hinein. Das Gewicht des Gefäßes wird an der Kasse wieder abgezogen, sodass man nur das bezahlt, was man wirklich kauft. So vermeidet man viel Verpackungsmüll. Es gibt in diesen Geschäften eigentlich alles, was man im Alltag braucht, wie z. B. verschiedenste Lebensmittel, Gewürze, Waschpulver, Duschgel, Cremes, Zahnpasta.

Klassenarbeit Sachunterricht 8
Rohstoffe und industrielle Fertigung

4. Mögliche Lösungen:
Einzelanfertigung: Einbauküche, Kreuzfahrtschiff, Zahnersatz, Zahnspange, ...
Serienanfertigung: Schokoladentafel, Staubsauger, Mixer, Auto, ...

5. Mögliche Lösungen:
a) Viele Lebensmittel wachsen nicht da, wo sie verarbeitet werden. Das gilt auch für andere Rohstoffe, wie z. B. Baumwolle. Sie wird auf den Feldern gepflückt und an einem entfernten Ort zu Stoffen verarbeitet. Diese Baumwollstoffe werden in einem weiteren Land gefärbt und genäht. Die Endprodukte werden in die ganze Welt transportiert, um dort verkauft zu werden.
b) – Lange Transportwege belasten die Umwelt, da dabei viele Schadstoffe in die Umwelt gelangen.
– Tiere werden für die Schlachtung oft nicht zum nächsten Schlachthof gefahren, sondern weiter weg. Das bedeutet großen Stress für die Tiere.

6. Mögliche Antworten:
– Ich beschreibe jedes Blatt vollständig auf beiden Seiten.
– Ich drucke nur die Seiten aus, die ich wirklich brauche.

7. Das ist ein Stoff, der in der Natur vorkommt und der in einer Fabrik verarbeitet wird, damit bestimmte Produkte hergestellt werden können.

8. Mögliche Lösungen:
a) – Die Brötchen für den Supermarkt werden maschinell hergestellt.
– Für den Supermarkt werden sehr viel mehr Brötchen auf einmal hergestellt.
– Es muss kein Personal bezahlt werden, das hinter der Theke steht und die Brötchen verpackt.
b) – Sie enthalten viele Zusatzstoffe.
– Das Mehl wurde behandelt.
– Sie werden oft in Plastiktüten verkauft.
– Enzyme, die die Brötchen frisch halten sollen, werden zugesetzt.

Klassenarbeit Sachunterricht 9
Die Gemeinde

1. a) Bürger sind alle Einwohner einer Stadt oder Gemeinde, die mindestens 18 Jahre alt bzw. volljährig sind.
b) Sie ist die kleinste Verwaltungseinheit. Sie verwaltet ihre Angelegenheiten selbst.
c) Darunter versteht man den Gemeinderat sowie die Bürgermeisterin oder den Bürgermeister.

2. Folgende Aufgaben einer Gemeinde können zum Beispiel genannt werden:
a) Die Gemeinde ist zuständig für Straßenbau und -reinigung.
b) Sie gewährleistet die Strom-, Kanal- und Wasserversorgung.
c) Sie beseitigt den Abfall.
d) Die Gemeinde baut Schulen.
e) Sie sorgt für Schulbusse.
f) Die Gemeinde bietet den Bürgern Erholungsmöglichkeiten.

3. – Eine Sporthalle wird abgerissen: **Bauamt**
– Marco braucht einen neuen Pass: **Einwohnermeldeamt**
– Familie Peters möchte Wohngeld beantragen: **Wohnungsamt**
– Deine Lehrerin möchte heiraten: **Standesamt**
– Dein Vater muss einen Strafzettel bezahlen: **Ordnungsamt**
– Frau Gerlach möchte die Geburt ihres Sohnes melden: **Standesamt**
– Dein Klassenkamerad wird von einem streunenden Hund gebissen: **Ordnungsamt**
– Onkel Fabian hat seinen Schlüssel verloren: **Fundamt**

Klassenarbeit Sachunterricht 9
Die Gemeinde

4. Computer, ~~Mittagessen~~, ~~Farbstifte~~, Toilettenpapier, Bücher, Fernseher, ~~Schulausflug~~

5. a) über Steuern, zum Beispiel über die Haus- und Grundsteuer oder über die Gewerbesteuer
   b) über Gebühren, zum Beispiel Gebühren für Strom oder Gebühren für Wasser

6. Grundsätzlich hat Peter recht: So funktioniert ein Bürgerbegehren. In diesem speziellen Fall ist das aber nicht so einfach, weil der Gemeinderat nicht über den Umfang der Unterrichtsstunden entscheiden kann. Die Entscheidung über Schulzeiten fällt das Kultusministerium des jeweiligen Bundeslandes (also Nordrhein-Westfalens, Sachsens, Bayerns usw.)

Klassenarbeit Sachunterricht 10
Die Gemeinde

1. Alle **vier bis sechs Wochen** findet eine Gemeinderatssitzung statt. Die Gemeinderäte erhalten vorher eine **schriftliche** Einladung. Der **Bürgermeister** eröffnet die Sitzung. Es werden verschiedene **Anträge** gestellt. In der Sitzung wird über sie **abgestimmt**. Bei **öffentlichen** Sitzungen darf jeder zuhören.

2. a) Die Eltern stellen einen Antrag an den Gemeinderat wegen des neuen Klettergerüsts auf dem Spielplatz.
   b) Der Gemeinderat informiert sich und diskutiert in der Sitzung.
   c) Der Gemeinderat stimmt über den Antrag ab.
   d) Die Mehrheit entscheidet.

3. Du kannst z. B. folgende Aufgaben nennen:
   - Der Bürgermeister / die Bürgermeisterin fungiert als Leiter des Gemeinderats und der Gemeindeverwaltung.
   - Er/Sie vereidigt die Gemeinderatsmitglieder.
   - Er/Sie nimmt Ehrungen vor.
   - Er/Sie ist Vertreter der Gemeindebürger.
   - Er/Sie vollzieht Eheschließungen.

4. Mögliche Lösung:
   a) Einwohnermeldeamt
   b) Bauamt
   c) Büro des Bürgermeisters / der Bürgermeisterin
   d) Fundamt
   e) Standesamt

5. a) ~~Die Bürgermeisterin hat immer einen männlichen Stellvertreter.~~
   c) ~~Bei einem Bürgerbegehren stimmen nur die Gemeinderäte ab.~~
   d) ~~Jeder Bürger ab 18 kann sich als Kandidat für das Bürgermeisteramt aufstellen lassen.~~
   e) ~~Die Gemeinderatskandidaten dürfen bei der Wahl des Gemeinderats nicht mitwählen.~~

6. a) falsch; b) richtig; c) falsch; d) richtig; e) falsch; f) richtig

7. a) Die Wahl ist frei. b) Die Wahl ist gleich. c) Die Wahl ist allgemein. d) Die Wahl ist unmittelbar. e) Die Wahl ist geheim.

8. a) ~~Im Tagebuch des Bürgermeisters~~
   b) ~~Im Protokoll der Gemeinderatssitzung~~

Klassenarbeit Sachunterricht 11
Die Gemeinde

1. Folgende Punkte sind richtig:
   ☒ wenn sie eine Sterbeurkunde brauchen.
   ☒ wenn sie heiraten wollen.
   ☒ um die Geburt ihres Kindes anzumelden.
   ☒ wenn die Oma verstorben ist.

2. [4] Nach drei Monaten wird über das Bürgerbegehren abgestimmt.
   [1] Bürgerinnen und Bürger schließen sich zusammen und formulieren ihr Begehren.
   [3] Die Gemeinde prüft die Zulässigkeit.
   [2] Die Bürgerinnen und Bürger sammeln genügend Unterschriften.
   [5] Wenn mehr als die Hälfte der abgegebenen Stimmen dafür ist, ist das Bürgerbegehren für ein Jahr gültig.

3. individuelle Antwort

4. individuelle Antwort

5. individuelle Antwort (Zeichnung)

6. ~~Peter darf für seinen Vater den Wahlschein ankreuzen.~~
   ~~Melanie gibt bei der Wahl zum Klassensprecher zwei Stimmzettel für ihre Freundin ab.~~
   ~~Bei der Klassensprecherwahl siegt bei Stimmengleichheit das Kind mit den besseren Noten.~~
   ~~Lukas war letztes Jahr schon Klassensprecher, deshalb darf er sich dieses Jahr nicht mehr aufstellen lassen.~~

7. informieren und über den Antrag diskutieren

Klassenarbeit Sachunterricht 12
Die Gemeinde

1. a) Lena hat einen Hund bekommen. Dieser muss angemeldet werden. → **Ordnungsamt**
   b) ~~Familie Hubers Telefonanschluss ist kaputt.~~
   c) Herr Koch ist umgezogen. → **Einwohnermeldeamt**
   d) ~~Melanie hat starke Halsschmerzen und möchte von der Schule befreit werden.~~
   e) Judith braucht einen Reisepass. → **Einwohnermeldeamt**
   f) Simons Eltern wollen eine zweite Garage auf ihrem Grundstück bauen. → **Bauamt**

2. für sechs Jahre

3. a) falsch; b) falsch; c) falsch; d) falsch; e) richtig; f) falsch

4. <u>Vorteile:</u> Alle Bürgerinnen und Bürger können sich über die Vorhaben informieren. Es kann nichts geheim gehalten werden.
   <u>Nachteile:</u> Es wird keinen Termin geben, zu dem sich alle treffen können. Die Diskussionen werden bei so vielen Teilnehmern sehr, sehr lange dauern.

5. a) Gebühren zahlt man für die Inanspruchnahme einer Leistung, Steuern zahlt man, ohne eine konkrete Gegenleistung zu erhalten.
   b) <u>Steuern:</u> Gewerbesteuer, Hundesteuer, Grundsteuer, ...
   <u>Gebühren:</u> Abwassergebühr, Passgebühr, Abfallgebühr, ...

Klassenarbeit Sachunterricht 12
Die Gemeinde

6. In die Felder mit den Fragezeichen hast du die speziellen Fakten zu deiner Gemeinde eingetragen:
Mein Ort hat ungefähr **?** Einwohner. Zu meiner Gemeinde gehören **?** Ortsteile. Die Bürgermeisterin oder der Bürgermeister heißt **?** (Vor- und Nachname). Zu besonderen Anlässen trägt sie / er seine **Amtskette** um den Hals. Der Gemeinderat besteht aus **?** Gemeinderäten. Alle **sechs** Jahre wird gewählt.

7. Mögliche Antwort: Der Gemeinderat lässt sich mit den Klassensprechern und Klassensprecherinnen vergleichen. Er ist allerdings für sechs Jahre gewählt, die Klassensprecher und Klassensprecherinnen höchstens für ein Schuljahr. Die Lehrerin wurde nicht von den Schülerinnen und Schülern gewählt und ist deshalb nicht mit einer gewählten Bürgermeisterin vergleichbar.

Klassenarbeit Sachunterricht 13
Verkehrserziehung

1. **a)** falsch; **b)** richtig; **c)** falsch; **d)** falsch; **e)** richtig; **f)** falsch

2. Die richtige Reihenfolge lautet: Polizei (1) → Ampel (2) → Verkehrszeichen (3) → Rechts vor links (4)

3. **a)** Halt! Vorfahrt gewähren!

b) Vorfahrt gewähren!

c) Vorfahrt an der nächsten Kreuzung oder der nächsten Einmündung

d) Verbot der Einfahrt

4. **a)** Sie verhalten sich nicht richtig, da man hier nicht nebeneinander fahren darf. Die beiden Radfahrer müssen außerdem auf dem Radweg fahren. Zudem befinden sie sich im toten Winkel des LKW-Fahrers.
   b) Es gilt die Regel „rechts vor links". Daher darf der Radfahrer zuerst fahren. Der Autofahrer muss warten.

Klassenarbeit Sachunterricht 13
Verkehrserziehung

5.

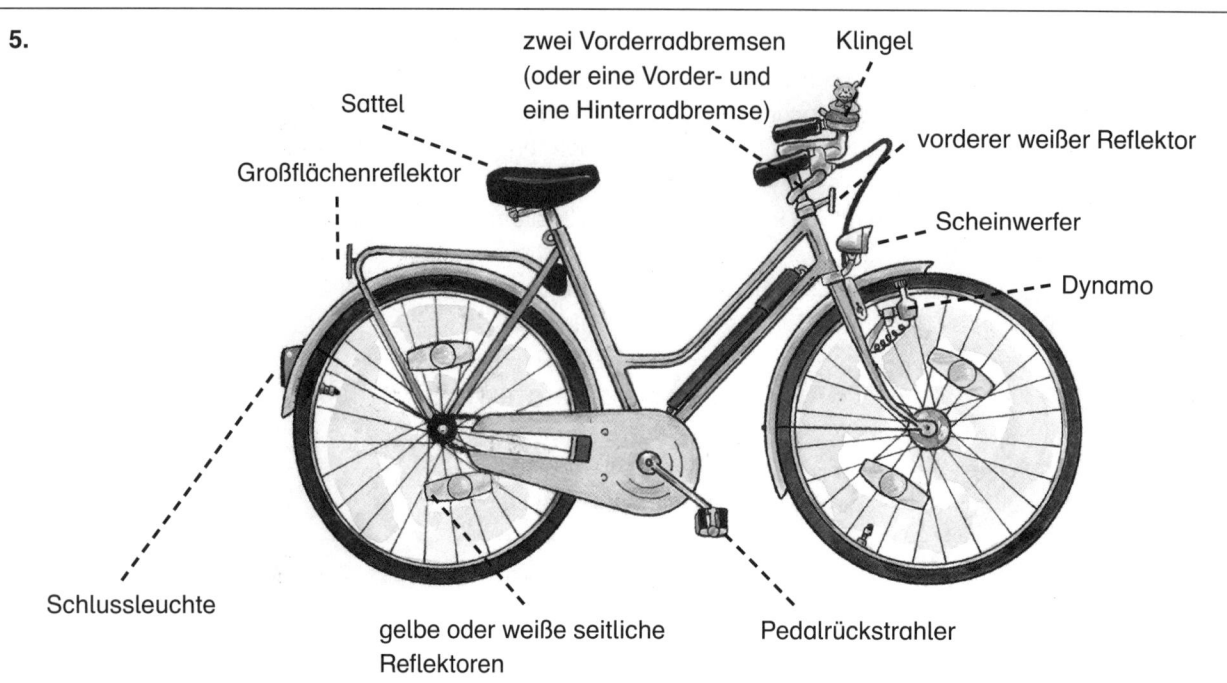

6.
- Ich trage helle Kleidung.
- Meine Lichter am Fahrrad funktionieren.
- Ich sollte Kleidung mit Leuchtstreifen tragen.

7. a) Zu Beginn meiner Fahrt schiebe ich mein Fahrrad zum **Fahrbahnrand**.
b) Ich schaue nach **links** und **rechts** und stelle das Fahrrad in Fahrtrichtung auf.
c) Ich sehe mich nach **hinten** um.
d) Ich gebe **links** Handzeichen.
e) Ich lege beide **Hände** auf den **Lenker** und fahre los.

8. a) Die richtige Reihenfolge lautet: b, c, a
b) Die richtige Reihenfolge lautet: b, c, a
c) Die richtige Reihenfolge lautet: a, b, c.

Klassenarbeit Sachunterricht 14
Verkehrserziehung

1. Mögliche Lösung:

Vorsicht Bahnübergang!

einseitig verengte Fahrbahn

Klassenarbeit Sachunterricht 14
Verkehrserziehung

2. a) b)

3. Der Helm muss waagerecht sitzen.

4. a) ~~Der grüne Pfeil signalisiert mir, dass ich auf jeden Fall Vorfahrt habe.~~
   d) ~~Wenn ich bis zur Sichtlinie fahre, müssen mir kreuzende Fußgänger sowie Rad-fahrer ausweichen.~~

5. Mögliche Antwort:
   - Ich fahre auf der Fahrbahn möglichst weit rechts.
   - Ich gebe deutlich links und rechts Handzeichen.
   - Ich halte drei Radlängen Sicherheitsabstand zum Vorausfahrenden.

6. a) rechts; b) rechts; c) rechts und links; d) links; e) rechts; f) rechts

7. a) richtig; b) falsch; c) richtig; d) richtig; e) falsch; f) falsch

8.
   - nach hinten links umsehen
   - links Handzeichen geben
   - mich einordnen
   - den Gegenverkehr beachten
   - Sicherheitsabstand einhalten
   - nach rechts umsehen
   - Handzeichen rechts geben
   - mich rechts wieder einordnen

Klassenarbeit Sachunterricht 15
Verkehrserziehung

1. a) Vorsicht Kreuzung!; b) getrennter Fuß- und Radweg; c) Vorfahrt gewähren!; d) einmalige Vorfahrt

Klassenarbeit Sachunterricht 15
Verkehrserziehung

2. Die richtige Reihenfolge lautet: d, c, f, b, a, e

3. a) Einbahnstraße

   b) Kombinierter Rad-/Fußweg

   c) Einfahrt verboten

4. a) Ich muss anhalten.
   b) Bin ich vor der Kreuzung, dann muss ich anhalten und mich zum Fahren bereit machen. Bin ich in der Kreuzung, muss ich zügig weiterfahren.

5. a) a, b, c; b) b, c, a; c) b, c, a

6. a) falsch; b) richtig; c) falsch; d) richtig; e) falsch; f) falsch

7. Wenn das Licht nicht funktioniert, darf Lena nicht mit ihrem Rad fahren. Sie sollte absteigen und das Fahrrad nach Hause schieben oder sich nach Hause fahren oder von ihren Eltern abholen lassen.

8. c) ~~Fahrzeuge, die von links kommen, haben immer Vorfahrt, wenn keine Verkehrsschilder vorhanden sind.~~
   e) ~~Fahrzeuge die geradeaus fahren, haben gegenüber abbiegenden Fahrzeugen keinen Vorrang.~~

Klassenarbeit Sachunterricht 16
Verkehrserziehung

1. a) Ich fahre langsam und steige vom Rad, wenn ich Fußgänger behindere.
   b) In diese Straße darf ich keinesfalls hineinfahren.
   c) Dem Fußgängerüberweg nähere ich mich langsam und achte darauf, ob Fußgänger die Straße überqueren wollen.

2. a) Ich sehe über die linke Schulter.
   b) Ich gebe deutlich ein linkes Handzeichen.
   c) Ich ordne mich in die Linksabbiegerspur ein.
   d) Ich beachte die Vorfahrt.
   e) Ich sehe mich ein zweites Mal um.
   f) Ich biege im großen Bogen ab.
   g) Ich achte auf Fußgänger.

Klassenarbeit Sachunterricht 16
Verkehrserziehung

3. a) Verbot für Radfahrer
   b) getrennter Fuß- und Radweg
   c) Sonderweg für Fußgänger

4. a) richtig
   b) falsch
   c) falsch

5. a) Die richtige Reihenfolge lautet: b, c, a
   b) Die richtige Reihenfolge lautet: b, c, a
   c) Die richtige Reihenfolge lautet: a, b, c

6. <u>Gemeinsamkeit:</u> Beide Schilder zeigen die Vorfahrt an.
   <u>Unterschied:</u> Wenn ich mich auf der Vorfahrtsstraße (weiß-gelbes Schild) befinde, habe ich so lange Vorfahrt, bis ich abbiege oder die Vorfahrt durch ein entsprechendes Schild aufgehoben wird. Bei dem Schild mit dem dicken Pfeil habe ich dagegen nur an der nächsten Kreuzung oder Einmündung Vorfahrt.

7. a) <u>Bedeutung:</u> Vorfahrt gewähren!
      <u>Verhalten:</u> Ich halte an, wenn sich ein Fahrzeug auf der Vorfahrtsstraße nähert.
   b) <u>Bedeutung:</u> Halt! Vorfahrt gewähren!
      <u>Verhalten:</u> Ich muss anhalten, wobei ein Bein auf dem Boden sein muss. Außerdem muss ich einige Sekunden warten und den Verkehr auf beiden Seiten beobachten. Erst dann darf ich fahren.

Klassenarbeit Sachunterricht 17
Verkehrserziehung

1. a) ~~Es gilt rechts vor links. Das von rechts kommende Auto hat Vorfahrt.~~
      Hier hat das Auto eindeutig Vorfahrt.
   b) ~~Das Auto fährt~~ zuerst.
      ~~Bevor ich nach links abbiege, muss ich die Regel rechts vor links beachten.~~
   c) ~~Hier gilt rechts vor links.~~
      ~~Da das Auto Vorfahrt hat, bleibe ich stehen und lasse das Auto zuerst fahren.~~
   d) ~~Ich muss warten, da ich die Vorfahrtsstraße verlassen werde.~~
      ~~Ich fahre als Erster, da ich geradeaus fahren möchte.~~

2. a) falsch
   b) richtig
   c) falsch
   d) falsch

3. a) richtig
   b) falsch
   c) falsch
   d) falsch

4. Links ist „Vorfahrt gewähren!" und rechts „Halt! Vorfahrt gewähren!".
   Der Unterschied zwischen den beiden Schildern liegt darin, dass ich bei dem linken Schild nur dann anhalte, wenn sich ein Fahrzeug auf der Vorfahrtsstraße nähert. Bei dem rechten Schild muss ich stets anhalten, mit einem Bein Bodenkontakt aufnehmen und einige Sekunden warten.

Klassenarbeit Sachunterricht 17
Verkehrserziehung

5. Hinterradbremse, Scheinwerfer, helltönende Klingel, Schlussleuchte, Großflächenreflektor, Pedalrückstrahler

6. Sie sieht sich zuerst nach hinten links um und gibt links Handzeichen. Als nächstes ordnet sie sich links ein und beachtet dabei den Gegenverkehr. Mit einem Sicherheitsabstand fährt sie an dem Auto vorbei. Sie sieht sich rechts um, ob sie sich nun wieder rechts einordnen kann und gibt rechts Handzeichen. Nun ordnet sie sich rechts wieder ein und fährt rechts weiter.

7. Ende der Vorfahrtsstraße

Einmalige Vorfahrt

Einfahrt verboten

Verbot für alle Fahrzeuge

Klassenarbeit Sachunterricht 18
Deutschland und Europa / Kinderrechte

1. Österreich: **Wien**; Dänemark: **Kopenhagen**; Griechenland: **Athen**; Russland: **Moskau**
Spanien: Madrid; **Italien**: Rom; **Großbritannien**: London; **Niederlande**: Amsterdam

2. im Norden: **Dänemark**
im Osten: **Polen und Tschechien**
im Süden: **Österreich und die Schweiz**
im Westen: **Frankreich, Luxemburg, Belgien und die Niederlande**

3. Durch eine Sage: Zeus brachte die Prinzessin Europa auf die Insel Kreta, der Kontinent wurde nach ihr benannt.

Klassenarbeit Sachunterricht 18
Deutschland und Europa / Kinderrechte

4. Deutschland grenzt an die zwei Meere **Ostsee** und **Nordsee**. Spanien, Frankreich und Italien grenzen an das **Mittelmeer**. Europas längster Fluss befindet sich in **Russland**. Es ist die **Wolga**. Der **Mont Blanc** ist die höchste Erhebung Europas. Er befindet sich zwischen **Frankreich** und **Italien**.

5. a) Name: **Big Ben**; Stadt: **London**; Land: **Großbritannien**
   b) Name: **Kolosseum**; Stadt: **Rom**; Land: **Italien**
   c) Name: **Eifelturm**; Stadt: **Paris**; Land: **Frankreich**

6. Baguette: **Frankreich**; Döner: **Türkei**; Pizza: **Italien**; Fish and Chips: **Großbritannien**

7. Mit „Recht auf Bildung" ist gemeint, dass Kinder in die Schule gehen können und lernen dürfen. Das gilt auch für Zeit am Nachmittag, in der sie Hausaufgaben machen zu können. Sie dürfen nicht daran gehindert werden, in die Schule zu gehen und am Nachmittag zu lernen.

8. Rechte + *Pflichten*

Zeit für Spiele	Geschirrmaschine ausräumen
Hausaufgaben machen	Schlafen
Kompost ausleeren	zum Arzt gebracht werden
Computerspielezeit einhalten	*Wäsche einräumen*

Klassenarbeit Sachunterricht 19
Deutschland und Europa / Kinderrechte

1. Es können beispielsweise folgende Gründe genannt werden:
   Wir fahren gerne ins Ausland, um Sport zu treiben, um im Meer zu baden, um uns zu erholen, um eine andere Sprache zu hören, um fremdes Geld kennenzulernen, um neue Orte kennenzulernen und um andere Speisen auszuprobieren.

2. Mögliche Lösung:
   a) Ich achte auf sie.
   b) Ich unterhalte mich in der Pause mit ihr.
   c) Ich lade sie zu einer Feier ein.
   d) Ich verbringe meine Freizeit mit ihr.

3. Mögliche Lösung:
   a) andere Speisen auszuprobieren
   b) eine andere Sprache kennenzulernen
   c) neue Feste kennenzulernen

4. Flüchtlinge sind Menschen, die gezwungen sind, ihre Heimat aufzugeben, und die in ein anderes Land fliehen müssen.

5. Mögliche Lösung:
   a) Krieg
   b) Armut
   c) Hunger
   d) Unterdrückung
   e) Verfolgung

Klassenarbeit Sachunterricht 19
Deutschland und Europa / Kinderrechte

6. Mögliche Lösung:
   a) Recht auf Frieden
   b) Recht auf ein sicheres Zuhause
   c) Recht auf Ernährung / ärztliche Betreuung
   d) Recht auf Lernen und eine Ausbildung
   e) Recht auf Spiel und Erholung

7. Christina hat nicht recht. Das Mithelfen im Haushalt hat mit Kinderarbeit nichts zu tun, sondern ist selbstverständlich. Es wird Christina auch dabei helfen, ein selbstständiger Mensch zu werden.

8./9.

Klassenarbeit Sachunterricht 20
Deutschland und Europa / Kinderrechte

1. a) Kinder dürfen nicht geschlagen werden, da sie ein Recht auf körperliche Unversehrtheit haben.
   b) Kinder haben ein Recht auf Essen und Trinken.
   c) Kinder dürfen nicht für Arbeit ausgenutzt werden. Sie haben ein Recht auf Bildung.

2. Mögliche Lösung:
   a) Caritas, UNICEF und das Jugendamt helfen Kindern weiter.
   b) Die Kinder können sich an Freunde, Verwandte oder die Polizei wenden.

Klassenarbeit Sachunterricht 20
Deutschland und Europa / Kinderrechte

3. In Afrika und Asien müssen Kinder auf **Mülldeponien** arbeiten. Die Kinder **sammeln** die **Wertstoffe** aus dem Müll, der aus Europa kommt. Sie verkaufen sie, damit ihre Familien genug zu **essen** haben. Mehrere **Kinderrechte** werden hier verletzt, zum Beispiel das Recht auf **Freizeit und Spielen** sowie auf **Bildung**. Außerdem wird ihre **Arbeitskraft** ausgenutzt.

4. Mögliche Lösung:
   Für mich ist das Recht auf körperliche Unversehrtheit besonders wichtig. Wenn Kinder geschlagen werden, verlieren sie den Respekt vor sich und anderen und können sich nicht in der Gesellschaft zurechtfinden.

5. a) Die Kinderrechte sind in allen Ländern außer den USA gültig.
   b) UNICEF
   c) 1990

6.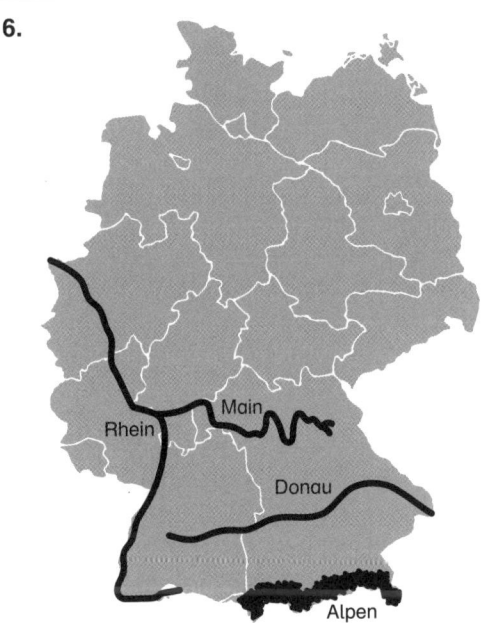

7. individuelle Lösung

8. Du müsstest folgende vier Städte angekreuzt haben: Berlin, Hamburg, München, Köln.

Klassenarbeit Sachunterricht 21
Deutschland und Europa / Kinderrechte

1. Mögliche Lösung:
   Das Kinderrecht, keine schwere Arbeit leisten zu müssen und das Recht auf Gesundheit werden hier verletzt. Die Kinder müssen sich durch stinkenden und auch giftigen Müll wühlen. Das ist einerseits schlecht für ihre Gesundheit und zugleich schwere Arbeit. Sie arbeiten dauernd gebückt in der prallen Sonne und atmen die giftigen Dämpfe ein. Sie sind damit den ganzen Tag über beschäftigt und können oft nicht zur Schule gehen, womit ihnen auch das Recht auf Bildung verwehrt bleibt.

2. Man spricht von Kinderarbeit, wenn Kinder so viel arbeiten müssen, dass sie nichts anderes tun können, z. B. nicht in die Schule gehen dürfen, und außerdem zu wenig Lohn für ihre Arbeit bekommen. Es werden dabei mehrere Kinderrechte nicht beachtet.

Klassenarbeit Sachunterricht 21
Deutschland und Europa / Kinderrechte

3. a)

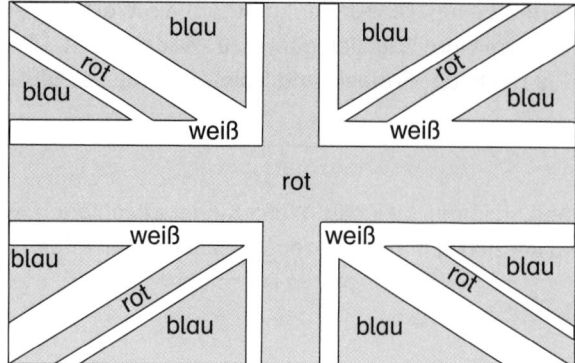

b)

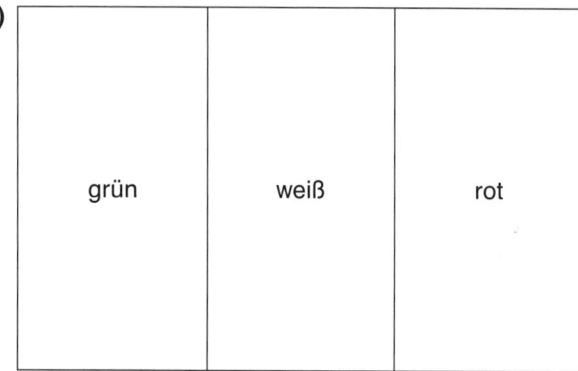

c)

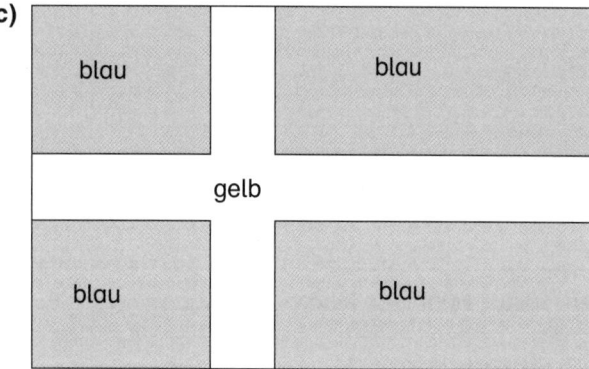

d)

| blau | weiß | rot |

Klassenarbeit Sachunterricht 21
Deutschland und Europa / Kinderrechte

4. Du musst vier von diesen Ländern genannt haben:
Dänemark
Polen
Tschechien
Österreich
Schweiz
Frankreich
Luxemburg
Belgien
Niederlande

5.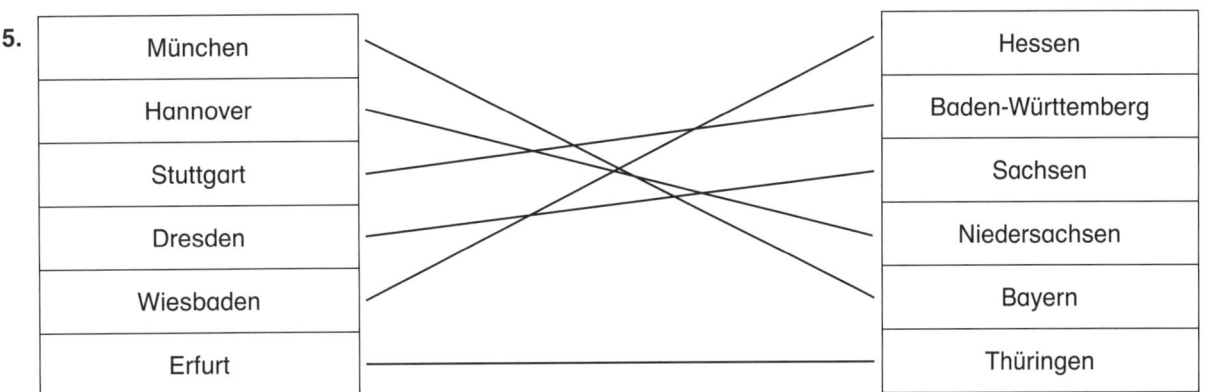

6. Bremen
Hamburg
Berlin

7. Mögliche Lösung:
Griechenland, Dänemark, Portugal, Türkei, Spanien, ...

8. individuelle Antworten

9. Zur Kultur eines Landes gehören die Sprache oder auch unterschiedliche Sprachen, die Flagge, die Trachten, Bräuche und Sitten, die Schrift, die Literatur, die Musik, die Sportarten, ...

Klassenarbeit Sachunterricht 22
Leben am Gewässer

1. im Wasser: **Fische, Krebse**; am Wasser: **Vögel, Biber**; an Land und am Wasser: **Wasserfrösche, Libellen**

2. Die Bachforelle kommt in sauerstoffreichen **Fließgewässern** vor, in denen eine **kühle** Temperatur herrscht. Sie bewohnt als **Standfisch** ein festes Revier. Als Raubfisch ernährt sie sich von **Insekten** und ihren Larven, kleineren Fischen, **Kaulquappen** und Kleinkrebsen. Die Bachforelle wird bis zu **40 cm** lang. Auf ihrem grünlich-bräunlichen **Rücken** befinden sich gelbliche, dunkel umrandete Punkte. Zum **Laichen** schwimmt sie bachaufwärts und kann dabei auch über Hindernisse springen.

3. Amphibien sind Lebewesen, die sowohl im Wasser als auch an Land leben können. Beispiele hierfür sind Frösche, Erdkröten, Salamander oder Molche.

4. Du müsstest a, c, e und f durchgestrichen haben.

Klassenarbeit Sachunterricht 22
Leben am Gewässer

5. a)

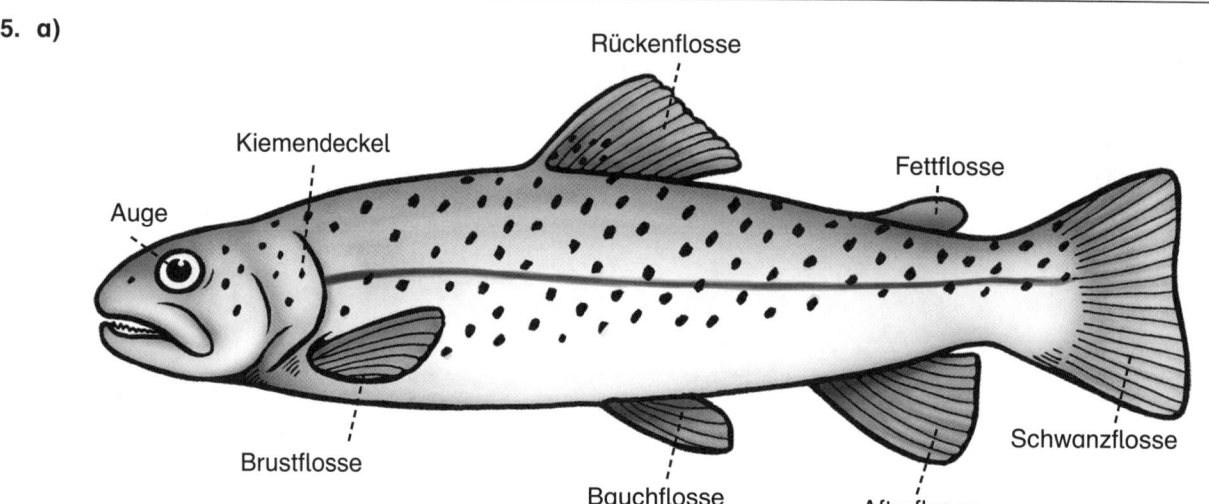

b) Bachforelle

6. a) richtig
b) richtig
c) richtig
d) richtig
e) falsch
f) richtig

7. Stockente, Frosch, Biber

8. a)

Hinterpfote   Vorderpfote

b) Die Vorderpfoten sind wie Hände, die dem Biber zum Bauen und Halten von Ästen dienen. Die Hinterpfoten haben Schwimmhäute. Mit ihnen kann der Biber gut schwimmen und tauchen.

Klassenarbeit Sachunterricht 23
Leben am Gewässer

1. a) Rohrkolben
b) Sumpfdotterblume
c) Schilfrohr
d) Seerose

2. a) Blüte: **große Einzelblüte, dreiteilig**
b) Blütenblätter: **gelb, stark nach unten gebogen**
c) Blätter: **bis zu 1 m hoch, lang, breit, schwertförmig**
d) Wissenswertes: **Insekten mit langem Rüssel holen aus der Blüte Nektar. Die Pflanze steht unter Naturschutz.**

Klassenarbeit Sachunterricht 23
Leben am Gewässer

3.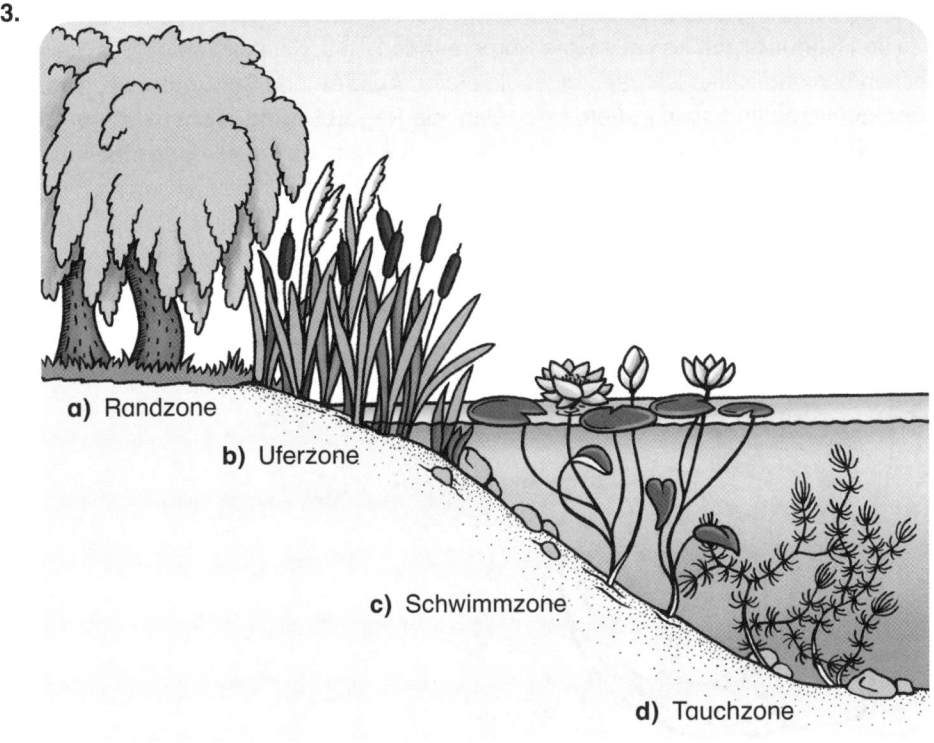

4. Randzone: **Weide, Erle**
   Uferzone: **Schilfrohr, Rohrkolben**
   Schwimmzone: **Wasserlinse, Seerose/Teichrose**
   Tauchzone: **Algen, Wasserpest**

5. Zu jeder Wasserqualität müssen zwei Tiere genannt werden:
   sauberes Wasser: **Köcherfliegenlarve, Steinfliegenlarve, Strudelwurm, Hakenkäfer**
   mäßig verschmutztes Wasser: **Posthornschnecke, Schneckenegel, Flussnapfschnecke, Bachflohkrebs, Eintagsfliege**
   stark verschmutztes Wasser: **Rollegel, Wasserassel, Zuckmückenlarve**
   sehr stark verschmutztes Wasser: **Rattenschwanzlarve, Schlammröhrenwurm**

6. Unter Renaturierung versteht man die Wiederherstellung von einst natürlichen Räumen wie Bächen oder Flüssen, die zum Beispiel vorher bebaut wurden oder die vorher befestigt worden sind.

7. Der Mensch hat keine geeigneten Füße, um weite Strecken zu schwimmen oder sich schnell im Wasser zu bewegen. Die Flossen sind die Nachbildung von Entenfüßen mit Schwimmhäuten, sodass der Mensch diesen Vorteil nutzen kann.

8. Mögliche Lösungen:
   Ich werfe keinen Müll in oder an ein Gewässer.
   Ich verhalte mich ruhig, damit ich keine Tiere erschrecke.
   Ich reiße keine Pflanzen aus.
   Ich schütte keine umweltschädlichen Stoffe ins Waschbecken.
   Ich gehe nicht gleich nach dem Eincremen ins Wasser.

Klassenarbeit Sachunterricht 24
Entwicklung des Menschen

1. Die **Pubertät** auf der Schwelle vom Kind zum Erwachsenen bringt viele Veränderungen mit sich. Ein Junge merkt es daran, dass er in den **Stimmbruch** kommt, seine Körperbehaarung sprießt und seine Schultern **breiter** werden. Ein Mädchen bemerkt, wie auch der Junge, die ersten **Achsel**- und **Schamhaare**, der Busen wächst und das **Becken** verbreitert sich. Außerdem beginnt die **Regelblutung/Menstruation**. In diesem Alter schwitzen Mädchen und Jungen mehr und der Schweiß **riecht** jetzt auch unangenehmer.

2.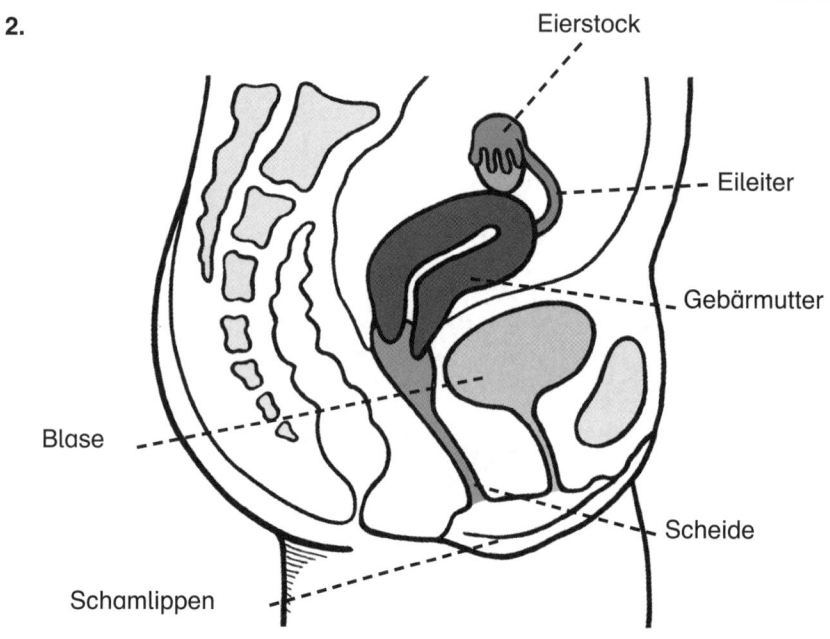

3. **a)** falsch; **b)** falsch; **c)** richtig; **d)** falsch

4. beim Jungen: **Testosteron**; beim Mädchen: **Östrogen**

5. a)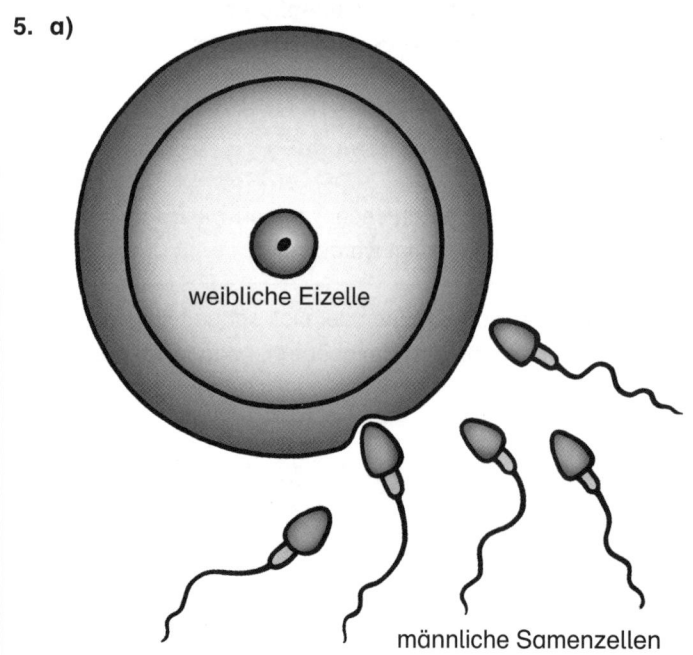

b) Es kommt zur Befruchtung, wenn eine weibliche Eizelle in der Gebärmutter der Frau mit einer männlichen Samenzelle verschmilzt.

Klassenarbeit Sachunterricht 24
Entwicklung des Menschen

6. Durch die Hormonumstellung verändert sich einiges im Körper. Man schwitzt mehr und dieser Schweiß riecht unangenehm, wenn er sich zersetzt.

Klassenarbeit Sachunterricht 25
Entwicklung des Menschen

1.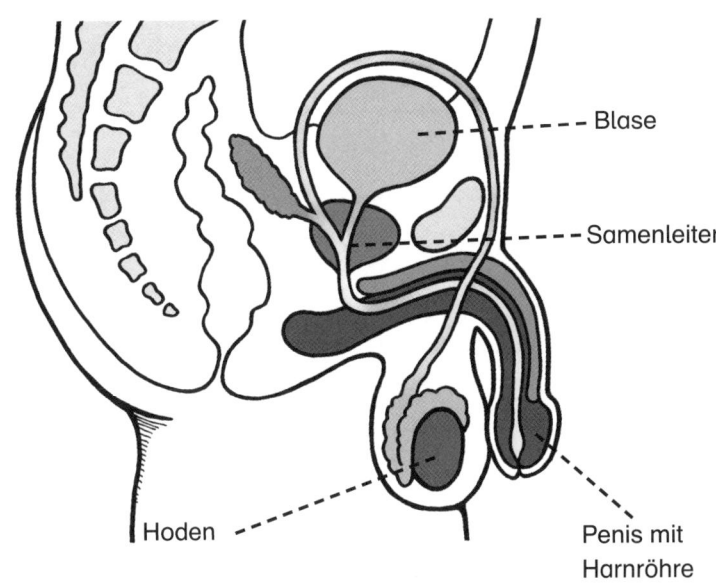

2. weibliche Geschlechtsorgane: **Vagina, Scheide**
   männliche Geschlechtsorgane: **Penis, Glied**

3. a) richtig
   b) richtig
   c) falsch
   d) falsch

4. Bevor ein **Baby** auf die Welt kommen kann, müssen Mann und Frau **Geschlechtsverkehr** haben. Eine **Befruchtung** ist nur in einem ganz bestimmten Zeitraum möglich. Er liegt in den **zwei** Wochen nach der letzten Regelblutung. Wird die **Eizelle** der Frau nicht befruchtet, so kommt es zwei Wochen später erneut zu einer **Regelblutung**. Daher ist es ein Zeichen für eine mögliche **Schwangerschaft**, wenn die Regelblutung ausbleibt. Ein Besuch beim **Frauenarzt/Gynäkologen** gibt Gewissheit.

5. a) ab dem ersten Samenerguss
   b) ab der ersten Regelblutung

6. a) **Eineiige Zwillinge** entstehen nach der Befruchtung. Die Zellhaufen teilen sich plötzlich komplett in zwei, sodass aus jedem ein Embryo entsteht. Beide haben dasselbe Geschlecht.
   Bei **zweieiigen Zwillingen** wurden zufällig zwei Eizellen befruchtet und wachsen. Die Kinder müssen nicht das gleiche Geschlecht haben und können sehr unterschiedlich aussehen.
   b) Eineiige Zwillinge teilen sich eine Fruchtblase, zweieiige Zwillinge haben je eine Fruchtblase.

Klassenarbeit Sachunterricht 26
Entwicklung des Menschen

1. Einmal in **vier** Wochen reift eine **Eizelle** im Eierstock heran. Sie wandert durch den Eileiter in die **Gebärmutter**. Die Gebärmutterschleimhaut ist in der Zeit der Eireifung und -wanderung dicker geworden. Sie hat sich mit **Blut** angereichert. Sobald die **reife** Eizelle eintrifft, nistet sie sich dort ein. Wird die Eizelle nicht befruchtet, ist die **Gebärmutterschleimhaut** überflüssig. Sie löst sich ab und tritt durch die **Scheide** nach außen. Frauen können ihre Unterwäsche vor dem Blut schützen, indem sie **Tampons** oder **Binden** benutzen. Beides muss man regelmäßig **wechseln**, da es sonst zu Erkrankungen kommen kann.

2. Durch die **Nabelschnur** wird das Kind mit **Nährstoffen** versorgt. Die Nabelschnur ist mit dem **Mutterkuchen** verbunden, der die Speisekammer des Kindes bildet.

3.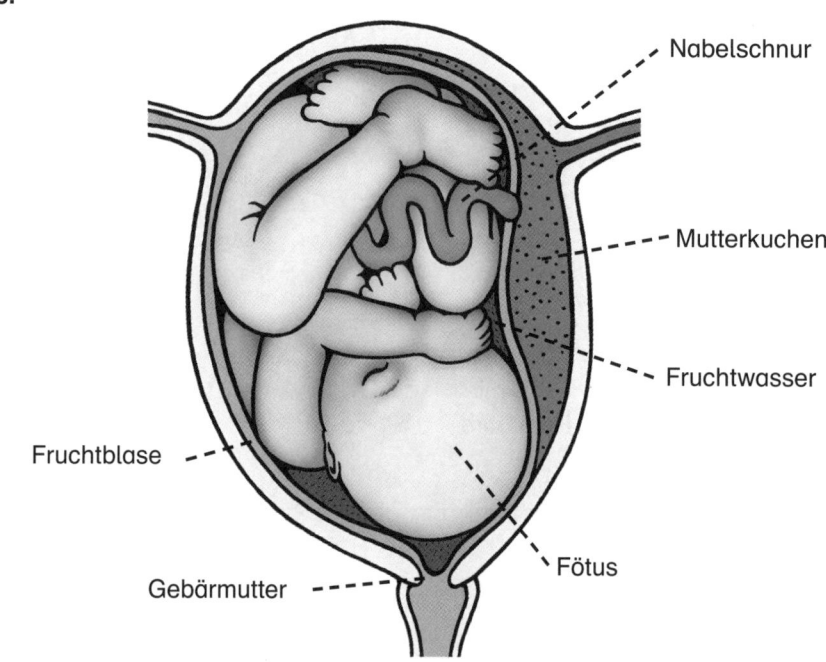

4. a) richtig
   b) falsch
   c) falsch
   d) richtig

5. Die richtige Reihenfolge lautet: b, c, d, a

6. Mögliche Antworten:
   Die Jungen kommen in den Stimmbruch.
   Die Achsel- und Schamhaare wachsen.
   Bei den Mädchen entwickelt sich der Busen.
   Bei den Jungen wachsen Penis und Hoden.
   Die Haare an den Beinen wachsen.
   Die Mädchen bekommen ihre Periode.
   Die Schweißdrüsen produzieren mehr Schweiß, der nun unangenehm riecht.
   Bei den Jungen werden die Samenzellen produziert.
   Bei den Jungen beginnt der Bartwuchs.
   Es kommt zu häufigen Stimmungsschwankungen, da sich der Hormonspiegel ändert.

Klassenarbeit Sachunterricht 27
Erste Hilfe

1. Mögliche Lösungen:
   Ich kann in den Pausen als Sanitätsdienst arbeiten.
   Ich kann bei einer Jugendorganisation einen Erste-Hilfe-Kurs machen.
   Ich kann anregen, dass an meiner Schule eine Vorführung zur Ersten Hilfe gezeigt wird.

2. Ich schneide den Klebestreifen an vier Stellen ein, sodass er beim Aufkleben nicht spannt und keine Falten wirft. Dann beuge ich den Ellbogen und klebe den Wundschnellverband auf.

3. Mögliche Lösungen: Ich schubse nicht, ich drängle nicht, ich stelle niemandem ein Bein, ich spiele nicht mit gefährlichen Dingen, ich ziele niemals in die Augen.

4. 112

5. Ich darf eine Wunde nicht auswaschen, damit keine Bakterien in die Wunde gelangen können.

6. 1. Ich rufe Hilfe herbei, indem ich jemanden anspreche, laut rufe oder telefoniere (ich lasse Leni nicht allein).
   2. Ich kontrolliere ihre Atmung, indem ich mich zu ihr herunterbeuge und horche, genau hinsehe und/oder die Hand auf ihre Brust lege und fühle.
   3. Atmet sie, bringe ich sie in die stabile Seitenlage.

7. Max könnte sich seitlich hinlegen oder mit einem Kissen unter den Knien, damit der Bauch entspannt ist.

8. Die Zunge kann den Luftweg verschließen; Erbrochenes kann eingeatmet werden. Durch die stabile Seitenlage können diese beiden Gefahren verhindert werden.

Klassenarbeit Sachunterricht 28
Erste Hilfe

1. Ich schneide das Pflaster richtig zu.
   Ich entferne die Schutzauflage, ohne die Wundauflage zu berühren.
   Ich lege die Fingerkuppenseite auf die Wundauflage. Dabei liegt die Fingerkuppe an der Dreiecksspitze.
   Die untere Klebefläche klebe ich anliegend auf.
   Anschließend schlage ich den oberen Teil anliegend um.
   Die restlichen beiden Klebeflächen klebe ich enganliegend auf.

2. Ich spreche den Verletzten an und beruhige ihn.
   Ich hole Hilfe oder setze einen Notruf ab.

3. beim Kopf: den Kopf nach hinten beugen
   beim Gesicht: das Gesicht zum Boden drehen
   beim Mund: den Mund leicht öffnen

4. Mögliche Lösungen:
   Ich fasse nicht auf die Herdplatte.
   Ich berühre nach dem Backen die Backformen nicht mit der bloßen Hand.
   Ich passe auf, wenn ich einen Topfdeckel hochhebe.
   Ich drehe meinen Kopf zur Seite, wenn ich die Ofentür öffne, damit der heiße Dampf nicht mein Gesicht verbrennt.
   Ich schalte den Herd nach dem Kochen/Backen aus.

Klassenarbeit Sachunterricht 28
Erste Hilfe

5. Du müsstest folgende Punkte angekreuzt haben:
   - eingerissener Fingernagel
   - Halsweh

6. Ein Kühlbeutel hilft, damit eine Beule nicht so stark anschwillt und die Schmerzen zurückgehen. Durch die Kühle ziehen sich die Blutgefäße zusammen und die Blutung verringert sich.

7. Ich drehe die Person auf den Rücken und knie mich seitlich daneben. Ich lege eine Hand an die Stirn, die andere unter das Kinn. Ich neige den Kopf der verletzten Person vorsichtig nach hinten. Ich schaue im Mund nach Fremdkörpern und entferne diese gegebenenfalls.
   Ich halte mein Ohr direkt an den Mund der Person und höre, ob sie atmet, ich sehe, ob sich der Brustkorb hebt und senkt, und ich fühle, ob ich an der Wange einen Luftstrom (= Atem) spüre.

8. Ich bringe Melanie in den Schatten.
   Ich lege ihr einen lauwarmen Lappen auf die Stirn.
   Ich bringe sie in die Schocklage (Beine hoch) und hole Hilfe.

Klassenarbeit Sachunterricht 29
Erste Hilfe

1. 5 untere Klebefläche anliegend aufgeklebt

   6 oberer Teil anliegend umgeschlagen

   2 Pflaster eingeschnitten

   7 restliche beide Klebeflächen enganliegend aufgeklebt

   4 Fingerkuppenseite liegt auf Pflaster, Fingerkuppe an der Dreiecksspitze.

   1 richtigen Wundschnellverband ausgewählt

   3 Schutzauflage entfernt, ohne Wundauflage zu berühren

2. - Hilfe rufen oder einen Notruf absetzen
   - den Verletzten ermutigen und trösten
   - die lebenswichtigen Funktionen kontrollieren
   - den Verletzten zudecken

3. Wo? – Was? – Wie viele? – Welche? – Warten!

4. Mögliche Lösungen:
   Ich darf die Wunde nie anfassen.
   Ich darf keine Brandblasen öffnen.
   Ich darf keine Salben oder Hausmittel auftragen.
   Ich darf keine angeklebten Kleidungsstücke entfernen.

5. Es könnte passieren, dass ich dabei eine noch größere Verletzung hervorrufe.

6. Mögliche Lösungen:
   - Ich stoße mit meinem Kopf gegen jemand anderen, wenn ich mit ihm raufe.
   - Ich renne gegen eine Tür beim Fangenspiel im Haus.
   - Ich falle von der Wippe.
   - Ich falle beim Spielen gegen die Heizung oder eine Tischkante.

Klassenarbeit Sachunterricht 29
Erste Hilfe

7. Ich spreche mit ihr. Sie soll sich bequem hinsetzen. Sie soll den Arm eng am Körper halten. Ich hole Hilfe.

8. Die Muskeln sollten aufgewärmt werden, damit man sich seine Muskeln, Sehnen und Bänder nicht verletzt. Das Aufwärmen fördert die Durchblutung von Muskeln, Sehnen und Bänder.

Klassenarbeit Sachunterricht 30
Erste Hilfe

1. Du müsstest folgende Antworten angekreuzt haben:
   - Einen Fremdkörper darf ich nicht aus der Wunde entfernen.
   - Der erste Schritt als Ersthelfer/in ist Hilfe zu holen (auch in Form eines Notrufs).

2. **H**ilfe holen
   Ermutigen
   Lebenswichtige Funktionen überprüfen
   Decke verwenden

3. Mögliche Lösung:
   Ich fahre mit dem Fahrrad einhändig und ohne Helm. Mein Fahrrad schlingert und ich falle hin. Hätte ich mir meinen Fahrradhelm aufgesetzt und wäre ich nicht freihändig gefahren, wäre mir nichts passiert, deshalb wäre der Unfall zu vermeiden gewesen.

4. Du müsstest folgende Angaben angekreuzt haben:
   Maria liegt am Spielplatz in der Valentinstraße 4 neben der Schaukel.
   Jakob, Peter und Maria haben sich verletzt.
   Jakob blutet an der Stirn.

5. Sarah fragt Paul, wo es ihm weh tut und tröstet ihn.
   Sie schickt jemanden, um Hilfe zu holen.
   Sie versorgt die Wunde mit einem keimfreien Verband.
   Paul soll sich mit erhöhtem Kopf hinlegen.
   Eventuell hilft auch etwas Kühle über dem Verband.

6. Ich warte auf Rückfragen.

7. Lukas legt ihm ein kühles Tuch auf den Nacken. Felix soll durch den Mund atmen und Lukas bleibt bei ihm.

Notenschlüssel

Mithilfe dieses Notenschlüssels erfährst du, welche Note du mit deiner Punktzahl erreicht hast.

Note	1 >92%	2 >81%	3 >67%	4 >50%	5 >24%	6 <24%
erreichbare Punktzahl						
18	18–16	15–14	13–12	11–9	8–4	3–0
19	19–17	16–15	14–12	11–9	8–4	3–0
20	20–18	17–16	15–13	12–10	9–5	4–0
21	21–19	18–17	16–14	13–11	10–5	4–0
22	22–20	19–18	17–15	14–11	10–5	4–0
23	23–21	20–19	18–15	14–12	11–6	5–0
24	24–22	21–19	18–16	15–12	11–6	5–0
25	25–23	22–20	19–17	16–13	12–6	5–0
26	26–24	23–21	20–17	16–13	12–6	5–0
27	27–25	24–22	21–18	17–14	13–6	5–0
28	28–26	25–23	22–19	18–14	13–7	6–0
29	29–27	26–23	22–19	18–15	14–7	6–0
31	31–29	28–25	24–21	20–16	15–7	6–0
33	33–30	29–27	26–22	21–17	16–8	7–0
34	34–31	30–28	27–23	22–17	16–8	7–0
35	35–32	31–28	27–23	22–18	17–8	7–0
37	37–34	33–30	29–25	24–19	18–9	8–0
38	38–35	34–31	30–25	24–19	18–9	8–0
41	41–38	37–33	32–27	26–21	20–10	9–0

Bildnachweis

Julia Gerigk: S. 4 (Wasserstand in Röhren), 5, 7, 8, 9, 24 (Biberpfoten), 25

Anja Imke: S. 3 (Wasserkreislauf), 15 (Autos), 24 (Fisch), 26, 27, 28

Gerlinde Keller: S. 14, 15 (Mädchen mit Helm)

Kathleen Richter: S. 13, 16, 17 (Einmalige Vorfahrt, Einfahrt verboten)

adobe.stock.com: sanchesnet!: S. 14 (Verkehrszeichen), sanchesnet!: S. 18 (Ende der Vorfahrtsstraße, Einfahrt verboten), Tristan 3D: S. 21 (Deutschlandkarte blanko)

shutterstock.com: Jakinnboaz: S. 3 (Teilchenmodell), Jakinnboaz: S. 4 (Teilchenmodell), GromovPro: S. 20